聪明人都用记事本

管好工作和生活中的大小事

崔小西◎著

江西人民出版社
Jiangxi People's Publishing House
全国百佳出版社

图书在版编目（CIP）数据

聪明人都用记事本 / 崔小西著. -- 南昌：江西人
民出版社，2018.1
ISBN 978-7-210-09788-4

Ⅰ. ①聪… Ⅱ. ①崔… Ⅲ. ①目标管理－通俗读物
Ⅳ. ①C931.2-49

中国版本图书馆CIP数据核字（2017）第244225号

聪明人都用记事本

崔小西 / 著

责任编辑 / 冯雪松　胡小丽
出版发行 / 江西人民出版社
印刷 / 保定市西城胶印有限公司
版次 / 2018年1月第1版
2018年1月第1次印刷
880毫米×1280毫米　1/32　7印张
字数 / 120千字
ISBN 978-7-210-09788-4
定价 / 26.80元
赣版权登字-01-2017-759

版权所有　侵权必究

如有质量问题，请寄回印厂调换。联系电话：010-64926437

前　言

　　时光如梭，岁月飞逝。人生总是如此匆匆而短暂，而我们每一个人却总是那么强烈地渴望事业的成功与辉煌，生活的美满与幸福。然而，同为大千世界的芸芸众生，有的人能轻松地步入成功的殿堂，有的人却总是与成功擦肩而过，以致终生默默无闻。时间对每个人来说都是平等的，可是为什么会有如此巨大的差异呢？归根到底，珍惜时间的人将会得到无穷无尽的财富，而浪费时间的人将一无所有。

　　"时间就像海绵里的水，只要愿挤，总是有的"，可惜在大多数情况下，珍惜时间只是一种美好的愿望，大量的宝贵时间不知不觉中从我们身边流失了。于是我们常常听到有人慨叹："我没有时间！""时间真不够用！"等等……

　　那么，是谁偷走了我们的时间？该如何摆脱这种被动局面？怎样合理安排有限的时间？

　　一年的时间一转眼就过去了，如果你也常常发现每年的目标大部分都还没达成，不妨看看如何以记事本，将梦想带着，不断反思，帮助你达到梦想、思考、行动的目标。

　　最简单的工具往往蕴涵着极大的力量，这就是为什么像众多职业经理人、学者、艺术家、商人和政治家都有使用记事本的习惯，这些大人物包括投资大亨沃伦·巴菲特、世界首富比尔·盖茨以及经济学家科特勒等等。每天在记事本上查看和记录已经成为成功者的习惯，通过这本书的学习，你也可以掌控记事本的使用并培养优秀的时间管理习惯，真正让记事本为你工作。

本书将通过简单有效的文字说明和插图帮助你达到以下几点：

树立目标并不断审视自己的进度

提高效率，在最短的时间里做最多的事情

做好计划，并有条不紊地执行

整理信息，以备日后使用

实现工作、生活等各个方面的平衡

帮助记忆，节约时间

对你来说，成功真的遥远么？当你通过记事本的使用，真正成为时间主人的时候，你就像找到了一条捷径，成功会变得离你非常近。时间窃贼再也不会偷走你的任何东西，因为你已经找到了对付它的最佳工具。

目　录

第一章
为什么聪明人都用记事本？

想要彻底改变自己，不完全取决于你花了多长时间，更重要的是在于你是否用了心并找对方法。

——沃伦·巴菲特

用记事本聪明地管理时间

　　成功的秘密是珍惜时间并合理利用它，让时间为你工作，而不是把它沉没在发呆、调侃和做其他毫无意义的事情中。

　　时间的无声脚步，是不会因为我们有许多事情要处理而稍停片刻的。时间给勤奋者留下智慧和力量，给懒惰者留下空虚和懊悔。假如以人能活到80岁计算，大约是70万个小时，其中能有充沛精力进行工作的时间只有40年，大约15000个工作日，35万个小时，除去睡眠休息，大概还剩20万个小时，生命的有效价值就靠在这些有限的时间里发挥作用。因此，不要把自己的生命浪费在一些毫无意义的事情上，要知道人生只有短短的几十年，可以说是稍纵即逝。只有珍惜和善待自己的生命，我们的生存才会有价值。

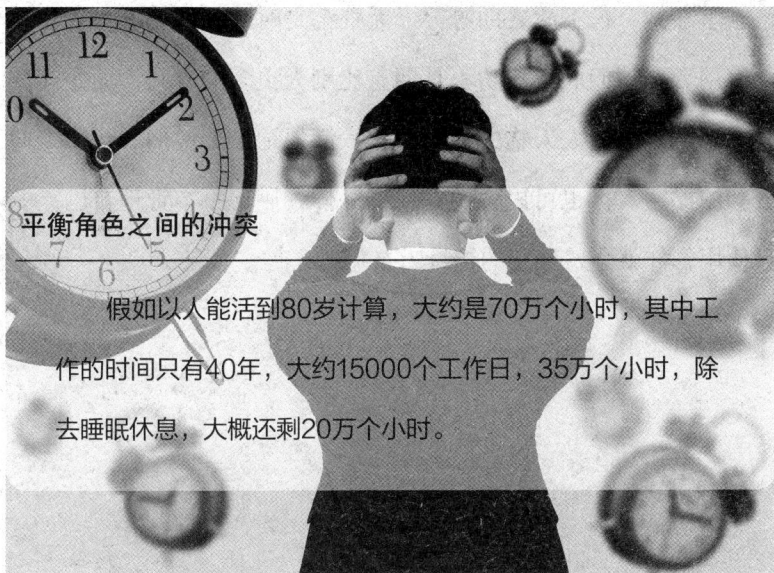

平衡角色之间的冲突

假如以人能活到80岁计算，大约是70万个小时，其中工作的时间只有40年，大约15000个工作日，35万个小时，除去睡眠休息，大概还剩20万个小时。

时间如同金钱，愈是懂得利用的人，愈懂得它的价值；愈是贫穷的人，愈感觉它的可贵。问题是当我们富有时，往往不知如何利用而任意挥霍，真正需要的时候，却已经所余无几了。

渴望实现自身的梦想，就要珍惜时光。也许你读过许许多多珍惜时间的故事，可是，本书的文字将告诉你便利的时间管理方法。与影子赛跑，赢得风雨每一天，是从失败走向成功的另一种方式和途径。我们平常所说的珍惜生命，落实到具体实践上就是在有限的时间里做更多的事情，用我们每天的创造填充生命的缝隙，让心灵更加完美、更加圣洁。

对于很多商业上成功的人士，诸如比尔·盖茨、沃伦·巴菲特、李嘉诚、松下幸之助等等，无疑都是时间的极端珍惜者和科学使用者。他们取得成功不是拥有比别人更多的时间，而是充分利用了它，这些大人物的记事本里满满地记录着他们一步步走向成功的秘密。你也可以做到像他们一样，用记事本管理自己，一旦使用，你就会发现它的神奇力量！

用记事本制定人生的未来年表

你是否常常为空有梦想却无法实践感到不安？那可能是你没有把梦想的短中长期计划，具体地写在记事本上的关系。记事本最大的功用就在于在记事本写下你的人生未来年表，换言之，笔记的使用方式，就成为你对自己生活所作的一个设计。

目标刺激我们奋发向上

在人生的航程上，目标就好像是一掌海上照明灯，指引着你前进的方向。而没有目标的人生，却如行走在黑漆漆的海面上，不知将生命之船开往何处。美国的一份统计结果显示，一个人退休后，特别是那些独居老人，假若生活没有任何目标，每天只是单纯地吃饭和睡觉，虽然生活无忧，但他们后来的寿命一般不会超过七年。

人人都知道伟大而坚定的目标能够刺激我们奋发向上，但是，人生所面对的选择太多了，对许多人来说，在众多选择中选定一个目标实在不是一件容易的事，机会多是一个原因，另　个重要的原因是，我们每天为了生活而花在工作上的时间已经占了全天的绝大部分，哪还来时间好好想想自己的将来。但这正是问题的症结，就是因为没有目标，每天才丢三落四，没头没脑，做事糊里糊涂、漏洞百出。因果关系转化，这只是一个恶性循环罢了。

另外有些人面对众多机会选择没有目标，则是因为他们安居乐业、满足现状，他们不敢接受改变，也没有勇气面对新环境可能带来的挫折与挑战，所有这些消极被动的人最终只会成为一个平庸、碌碌无为的人。

事实上，随波逐流，缺乏目标的人，永远不能竭尽全力地发挥自己的潜能。因此，只有选择做一个目标明确的人，我们的生活才有意义。然而，现实往往是说起来容易做起来难，多数人对自己的目标，仅有一点模糊的构想，只有少数人会采取行动来实现自己所设计的宏伟蓝图。

许多年前，某报做过300条鲸鱼突然死亡的报道。这些鲸鱼在追逐沙丁鱼时，不知不觉被困在一个海湾里，报道上说："这些小鱼把海上巨人引向死亡。鲸鱼因为追逐小利而暴死，为了微不足道的目标而空耗了巨大力量。"

蒸汽或瓦斯只有在压缩状态下，才能产生动力；尼亚拉加瀑布也要在巨流之后才能转化成电力。而生命唯有在专心一意、勤奋不懈时，才可获得成长。为了帮助诸位感受目标的重要性，下面不妨让我们一起看看赖嘉的故事。

赖嘉随父母迁到亚特兰大市时，年仅四岁。他的父母只有小学五年级的学历，因此当赖嘉表示要上大学时，他的亲友大多表示不支持，但赖嘉心意已决，最后果真成为家中唯一上了大学的人。但是一年之后，他却因为贪玩导致功课不及格而被迫退学。在接下来的6年，他过着得过且过的生活，毫无人生目标。他大半时候都在一家低功率的电台担任导播，有时也替卡车卸货。

有一天，他拿起柯维的第一本著作《相会在巅峰》，从那时起，他对自己的看法完全改变，发现自己有不平凡的能力。重获新生的赖嘉，终于了解到目标的重要性。的确，目标决定我们的将来。赖嘉的目标是重返大学，然而他的成绩实在太差了，以致连遭墨瑟大学拒绝两次。在遭到第二次拒绝之后的某天，赖嘉无意间撞见院长韩翠丝，他趁机向她剖明心志。结果，院长答应了他的请求，准许他入学，但有一个附加条件：他的平均分数要达到乙等，否则就要再度退学。

赖嘉一改过去的散漫态度，以信心坚定、目标明确、内心无畏的姿态，重新踏入校门。他每季平均进修多个学分。经过2年零3个月，即以优异的成绩取得了学位，紧接着再迈向更高的目标。

如今，这个伐木工人的儿子已成为赖嘉博士，他还在全美发展最迅速的教会担任牧师，教会地点就在费城特尔市，距他成长的亚特兰大仅数分钟车程。

从上面的例子我们可以看出，有目标才有结果，目标能够激发我们的潜能。那么我们究竟如何选择或是制定正确的目标呢？我们认为在选择或制定目标时应考虑两个方面：一是目标要符合自己的价值观，二是要了解自己目前的状况。

请记住：成功完全是一种个人现象，只有你所完成的事情和你的价值观相符，你才会觉得成功。为什么有的人成功之后，又会感到空虚？为什么有的人得到名利后，却发现牺牲了更可贵的事物？邓尼斯个人设定目标可以说是一个成功的例子。

在1974年，美国著名证券经纪人邓尼斯是一个已干了6年的证券经纪人，以社会标准来看，他是美国中产阶级分子的典范：他拥有一个美满的婚姻、三个聪明伶俐的孩子、一栋房子、两部车，但是患了溃疡。证券经纪商的收入虽然不错，却与他的性格格格不入。他希望活得更扎实，但现在却无法支配自己的命运，这使他觉得受挫。

"只有自己与上帝才能支配我的命运"惊醒了他。于是，他开始设立自己的目标。他从小就爱好业余无线电，于是他决定创业，成立邓特隆无线电公司，生产并销售"火腿"（指业余无线电爱好者）的设备。

1974年4月，邓尼斯辞去工作，卖掉车子当资金，以信用卡借款，开始在他的地下室生产业余无线电设备。邓特隆公司诞生了。他的许多朋友与亲戚都以忧伤和惊慌的眼光看着他，断定他发疯了。

1974年8月24日，邓特隆无线电公司成交了第一笔生意。1975年4月，公司搬到了俄亥俄州崔斯堡的厂房中。到1975年底，邓特隆的营业额超过了100万元。今天，邓尼斯已是一家资产数百万元的工厂的股东与总裁。

那么，该如何利用记事本管理你的梦想？

首先要先将自己的梦想与人生化为力量。先画出自己的人生金字塔，也就是自己在知识、健康、心灵、工作与经济等方面，希望达到的终极目标。

然后发展出你的人生未来年表。想想看，从现在开始的15年，你想要过什么样的人生？15年的人生未来年表看似庞大，但事实上花个3天，就可以有明确的答案。人生未来年表要写的好，有三个重点：

KEY1：列举梦想与目标后，设立达成的日期。

KEY2：确定现状与梦想的距离。

KEY3：把达成的日期分段。

一个人要从客观的角度认情自己的不足，并不是一件容易的事情。因此"确定现状与梦想的距离"的用意，就在于认清差距。大多数人身兼父母、儿女、公司职员或主管多重角色，写完了这份未来年表，认清自己现在的位置后，反而能够有种按部就班的期待心情。

年表之中，有些是不能分段进行的部分，例如想做个亲切和善的人，写下"三年后有点亲切"或"六年后十个人对八个人亲切"是没有意义的。

你的人生未来年表

人生未来年表的三个重点：

2018年

梦想与目标	与梦想的距离	达成日期分段
↓	↓	↓
达成日期	现状如何？	短期目标

用记事本打造梦想的外部记忆

记笔记的过程，有助于我们大脑的思考，并将思考的结果确定在记事本上，以便时时提醒我们下一步的行动。类似于笔记心理学的理论，举一反三，我们记笔记的方式，会逐渐影响我们的思考方式，进而形成比较固定的行为反应。也就是说，你记笔记的方式，就是你思考的方式，就是你运用头脑的方法。正因如此，你记笔记的方式，一方面能够让你合理安排好时间，做事有条不紊，另一方面能够锻炼你的思维，为你的思考方式立下规矩，从而使你的大脑渐渐闪耀出智慧的光芒。

那么，记事本到底有什么用呢？

持有一本记事本，并使用它，是因为你希望自己的生活更充实、更有条理。并期盼你的今天比昨天美好，明天比今天绚烂，真可谓是现实生活中智慧的发光点。也正因为有着这种期待，我们努力，我们学习，我们使自己更可爱。

每个人都曾经在一年之初，翻开一本新的记事本，下一些决心，做一些反省。打开这本新记事本时，我们祈盼使用这本记事本的这一年，自己的人生与生活能更美好。

然而，结果是怎样呢？梦想成真或是成空，今年比去年有收获或者今天成为昨天的翻版，一切如旧，没有任何变化或奇迹。于是，我们只能在"记事本能改变我们的生活吗？"的想法，及"是不是该换一本更好的记事本？"的期待之间，摇摆不定。

这暂且不提。问题的重点是，你究竟在记事本中记些什么。当然，你记什么都好，这是你的自由；但你如何去记一件事，却是超乎你想象的重要。

你在记事本上记什么，如何记，意味着你每天想什么，希望做什么，也就是意味着你生活的视野。要如何生活？做些什么事？换言之，笔记的使用方式，就成为你对自己生活所做的一个设计。

记事本，就是在每一天，给自己活力，培养自己的智慧，提高自己的能力，使每一天更丰盛的智能工具。

因此，记事本不仅是单纯管理每天行程的随身工具，同时，更是协助人们达到梦想的外部记忆体。事实上，成功者的诀窍不外乎两件事情：一是订定目标，二是把目标用自己的手写在记事本上。

　　在当今科技发达时代，多数人是不折不扣的拇指族，靠一根拇指就能透过手机或PDA，键入许多行程或当日重点，为什么还要大费周折写在记事本上呢？

　　那是因为当我们把梦想与目标写在记事本上时，就像是借由文字的力量，给自己加油打气。假若我们把记事本化作自己身体的一部分，寸步不离身，可以随时对自己的人生地图作一番检视。

　　因此，与其说记事本是单纯管理行程的工具，不如说，是攸关人生能否成功筑梦追梦的外部记忆体。

聪明人的记事本

诸位一定有这样的经历，自从入学的第一天起，老师就教大家各种学习技巧，其中很重要的一项就是：上课做笔记。他们教我们什么是上课的内容重点，哪些需要记录在记事本上，怎么记等等。学会记笔记，并且做好笔记显然能够提高个人的学习效率，有助于我们的学习，可以说，记笔记是好学生的必备技能之一。假如不做笔记，老师上课时所说的内容即使都听懂了，也很难保证在以后的复习阶段能够记住，同时也很容易忽略老师上课时的细节部分。到了复习阶段，即使能够临时抱佛脚，但是所下的功夫一定会大得多。而如果笔记做得好的话，哪些是重点，难点怎样解答，只要打开记事本，就能够一目了然，所有的疑惑便迎刃而解了。因此，笔记对学习来说，是很重要的。

有个成语叫"白纸黑字"，它告诉我们：笔记里所记录的事是最准确的,就算你拥有最惊人的记忆力恐怕也比不上。毕竟人的记忆力是有限的,生活中的琐碎杂事,需要记忆的事情太多了,大脑也无法容纳,而且难免会有差错和遗忘。科学研究也证明了这一点,根据艾宾浩斯遗忘曲线,也称艾宾浩斯保持曲线表明,记忆的保持量在一小时后基本上就停留在30%左右,到八九个小时后就趋向于20%,这就意味着,随着时间的推移,人们对以前发生的事便会逐渐遗忘,昨日记忆犹新的事到今日也许只记着一丁点儿。可是,将刚刚发生的事就记录下来,就永远错不了了,因为在记笔记的那一刻,所有的记忆都是新鲜的。

　　然而,有多少人知道,生活中也需要做笔记。聪明的犹太人就很清楚这一点。

　　他们不但把笔记用在学习上,而且把笔记用在日常的生意往来上。对于重要的事情,无论何时何地犹太人都记着"笔记",正是这种"笔记"给他们的正确判断提供了莫大的帮助。他们的笔记记得很精细。对重要事情发生的时间、日期、内容都做了详细的记录。对他们来说,所谓记"笔记",并不是说犹太人经常带着笔记本走路,他们所用的笔记本极其简单,是随身带的香烟空盒。犹太人买香烟时,将香烟装入烟盒里,同时将空盒放入口袋,一旦进行"商谈"或有重要事情需要记录时,将立即在香烟空盒背面记入必要事项,过后再将此整理记入记录本内。这种简单又方便的记"笔记"方法，是犹太人精于计算和迅速、正确判断的基础。

犹太人的一大特点是，凡事都采取认真的态度。他们不允许在自己的生活中出现任何马虎。例如，在预约晤谈时，对日期、时间的约定要极其明了，而且连晤谈大约要花多少时间都算计好了。在赴约时，更不许有迟到之事发生，而且晤谈时间也是严格遵守预约好的时间。现实生活中，谈论具体的事时，也是竭尽全力求精确。可见犹太人的认真态度到了何种程度！记"笔记"，更说明了犹太人的这种态度。因为犹太人在商谈时，是不准发生任何暧昧之事的。纵然他们已做出迅速正确的判断，如果重要的日期、时间、金额、交货日期等记得含糊不清时，也是毫无用处的。所以，在他们看来，商谈中的任何重要细节都需要准确记忆，这一要求，他们再聪明能耐的脑子也是满足不了的，大脑记忆难免会发生差错，所以，他们便只好依靠记"笔记"了。

我们却没有这种记笔记的习惯，脑海中对事物的记忆要求也不甚高，常常有含糊的习惯。对重要事物置若罔闻，就模模糊糊地过去，一点也不在乎。有时故意打马虎眼，如："当时谈好交货的日期，确是×月×日吧，也许是×日吧？！"但这种情况不会发生在犹太人身上。"啊！我记错了，是×日吧？我的确记着是×日，所以……"谁管你的确记着是何日，无论怎样解释，为时已晚，将无法挽回。因为你的不守时，很可能发生毁约，不履行债务等，而被要求赔偿损失的事。犹太人的商法里，根本不允许马虎存在。因此，也根本就没有含糊不清、记错了等情形存在，纵然是很微小的事，他们也会不厌其烦地把它记下来。"不怕一万，只怕万一"这句俗语虽产生在中国，犹太人却也十分懂得这道理。

所以，为了以防万一，还是学学犹太人的认真态度，仔细、耐心地记"笔记"，它将使你受益匪浅。

用记事本提高效率

你应注意一些做事的基本原则，掌握了这些方法，将使你的行动更富有效率。

1.没有截止日期的工作，不要期待有成果

如果没有定下期限，就会有"有空就做"这样暧昧不明的想法。人的惰性就是"反正不记得有事情现在就不做"。

有一种"截止日期心理"的说法，就是"紧急的事情交给最忙的人做"往往会更有效率。因为忙碌的人往往有"什么时间之前要完成什么事情"的概念。提高工作效率，不但更有成就感，同时可以生出更多属于自己的时间。

2.将所有目标变得更明确

无论你为自己制定了什么样的目标，都应该多角度地仔细考虑。你的目标必须是明确的。

前美国财务顾问协会的总裁刘易斯·沃克，一次接受一位记者有关稳健投资方面的采访。他们聊了一会儿后，记者问道："到底是什么因素使人无法成功？"沃克回答："模糊不清的目标。"记者请沃克进一步解释。他说："我在几分钟前就问你，你的目标是什么？你说希望有一天可以拥有一栋山上的小屋，这就是一个模糊不清的目标。问题就在'有一天'的表述不够明确，因为不够明确，成功的机会也就不大。"

"如果你真的希望在山上买一间小屋，你必须先找出那座山，算出小屋的价值，然后考虑通货膨胀，算出5年后这栋房子值多少钱；接着你必须决定，为了达到这个目标每个月要存多少钱。如果你真的这么做，你可能在不久的将来就会拥有一栋山上的小屋。但如果你只是说说，梦想就可能不会实现。梦想是愉快的，但没有配合实际行动计划的模糊梦想，则只是妄想而已。"

诸位，如果你制定了远期或近期的目标，一定要把它们具体化，例如：

目标：参加聚会活动扩展人脉

数据化："每"月参加"一"次聚会活动，交换"五十"张名片，其后从中选出"十"位有交流诚意的人联络，从中选出"五"人深交。

目标：有重点的企划书

数据化：以"四十"字乘"三十"行的"两"张A4纸完成企划书。

目标：言之有物

数据化：自我训练在发言之前以"三百"字归纳结论。

目标：与不苟言笑的上司加强沟通

数据化："一"天"一"次逗上司笑。所以"这"星期要准备"三个"笑点。同时"一"星期与上司共进一次午餐。

目标：提高部署的动机

数据化：准备"三"个激励方案，每个方案不超过"一"万元。

3.把"重点是什么"作为口头禅

在时间管理上，为了更有效率地工作和生活，还应该有"给我重点其余免谈"，或"现在最重要又紧急的事情是什么"的习惯。这种思考的整理，就是集中思考力的方法。人脑其实很玄妙，我们不去限制它，会无限制展开漫无目的的思考，所以要随时有"重点是什么"的思考训练。

心理学中，有一个名词叫作"自动思考"。意思是说，人在不得志的时候，脑子常想"这下完了"，充满了负面的思考，陷入"想太多"的思考方式中，无法跳脱。相反地，时时养成"重点是什么"的自动思考方式，可以避免不必要的杞人忧天。

例如，在与人初次见面时，让脑中状态时时出现："我和此人会面的重点是什么？"以避免不必要的时间浪费。当工作犯错时，将脑中的状态从"这下要被炒鱿鱼了"的负面思考换成"犯错误是事实，承认错误"的重点式思考，接着思考"如何善后"。

4.只有你可以解决这个问题，所以问题会找上你

人可以分成两种，一种是将事实当作命运，还有一种是把眼前的事实，当作是自己的选择与责任。

这两种人解决问题的方法也大不相同，前者会想："这是宿命，我没办法解决。"后者会想："只有你可以解决这个问题，所以问题会找上你。"

5.要多看书

人与动物不同的地方，就在于"人可以透过看书这件事情，在几个小时之内模拟体验别人的一生。"安东尼·罗宾在年轻的时候用三年时间读了700部书，李嘉诚现在还保持着每年读50部书的习惯，松下幸之助更是视书为生命一样重要。

6.读书的种子

事实上，扩展人脉的重点在于，将别人的想法与所知"套"出来。"套"出来的意思就是，自己要先有与人沟通的话题，引人兴趣，对方才会与我们有好的互动。

7.一鼓作气走最短距离达到目标

不必针对每一件事立刻就埋头苦干，而应先想想达成目标最

有效率的方法，然后一鼓作气走最短距离达到目标。用最短的时间实现最好的效果的典范，就是比尔·盖茨，他建造微软帝国只用了短短几年的时间。

8.与成功者为友

成功不是凭借自己一个人的努力就可以达到，不妨多接触一些成功的人物，接受他们的刺激。只要觉得这个人值得学习，就将"我想和他们见面"的梦想，写在"想做事情表"里面，参加他的演讲会，在会后发问时间里勇敢举手，或透过这个人的著作，了解此人的成功之道。

第二章
记事本：打开思考的正确方式

如果一开始没成功，再试一次，仍不成功就该放弃；愚蠢的坚持毫无益处。

——拿破仑·希尔

若一开始梦想就是错的，又何必苦苦坚持

在某些情况下，你总会发现自己深陷泥潭，无法自拔，不得不面对知难而退的情况。例如，当你投入了大量的时间和精力在某件事上，尽管尽了最大的努力，动用了一切资源，还是没法成功，甚至越来越糟。为了面子、尊严以及曾经投入于此却无法成功的不甘心，会不会让你一如既往地在这条死胡同里走下去呢？人，或多或少都有些偏执，尽管已经一再尝试过了，仍是要找出更多的借口和更多的承诺来为自己辩解，仍是为了尊严继续做着无用功。有些事光凭你个人的努力没有任何结果的，要学会从麻烦中抽身，知难而退。

前面我们说过，记事本的使用是为了实现个人的梦想，但我们不是说，每个人的梦想都是正确的，极端一点，天方夜谭、无稽之谈之类的梦想即使你拥有最大的、最坚定的决心，也无法实

现。当你的人生梦想出现问题时，我们就应该适时知难而退，设定另一个人生梦想。

几个基本的方法可以帮助你决定何时应坚持、何时应放弃、何时继续尝试，以及何时知难而退。

1.寻求更多的信息资源，防止重蹈覆辙

一个能干而直率的同事，是一个研究者所能拥有的唯一一项重要资源。在工作方面，经验丰富的工作人员经常会建议新人在何时何地应该怎么做。他们所提供的信息，通常出自自己的亲身经历，如果你能在做此事之前，事先了解到更多的信息，就能避免重蹈覆辙，减少不必要的损失。向前辈请教，的确是个事半功倍的好方法。

2.跨越无法克服的障碍

当你遇到无法克服的障碍时，通常即使再努力也只会造成更大的损失。我们要趁早设法找出问题的症结所在，及时亡羊补牢，解决一些还能够解决的问题，就可以省下很多的时间与麻烦。通常，为了保全面子，人们不愿意去面对或不愿意去找出正确的问题，即使找到了症结所在，他们也会装作视而不见，否认只能拖延，这样问题就会像黑洞一样越来越大。比方说你的人生梦想是希望在公司步步高升，但是这家公司始终是由家族成员担任高层要职，或是在特定种族或性别中选择，而你不属于这些成员之一，这时你大概就需要转移到成功的可能性较大的阵地，重新设定自己的人生梦想。

3.衡量目标实现的回报

假如你是寻找消失的法老王坟墓的霍华德·卡特，因为潜在的回报相当大，你可以花上好几年的时间。然而，如果你是业务员，你就负担不起花一个月时间在一个最多只能创造几块钱利润的准客户身上。

诚然，人生梦想也是一样，为了一个对自己来说毫无意义的梦想而奋斗，实在得不偿失。

4.衡量目标实现的成本

在经济学领域，将人假设为理性人，他最大的特点就是以最小付出获得最大回报为标准来做出选择。我们衡量目标的标准也应是这样，既要考虑它的实现回报，也要考虑它的实现成本，只有回报和成本的比例达到最高，这个目标对于个人来说才是真正"实惠"的。

5.要有自知之明

假如人的能力不够，有些事情就不应该做。你也许有一个伟大的梦想，可是对你而言却必须耗费太多资源才有可能成功，不妨稍微降低标准或者干脆放弃，找一个更适合自己的，并能够在自己的能力范围内实现的梦想。

6.小心黑箱

有些游戏场地高低不平、有些纸牌不齐全、有些骰子的滚动有问题，大多数时间管理的书籍都不会提到这个问题。可是每年有无数的时间都浪费在一些所有参与者都不可能成功的事情、计划、比赛上。访问只是为了表演，选拔也被动了手脚，早就有了内定人选了。有效的时间管理专家知道进可攻退可守的道理，而且会进一步运用其技巧。

因此，我们在做人生规划的时候，首先要搜集一些这类信息，除非你能控制这个黑箱，否则，当你足以证明不管你多么努力都没有胜算时，请立刻改变你的计划，重新加入另一场公平的比赛之中。

目标若不合理，追求完美只会头破血流

有句广告词说的好：没有最好，只有更好。它表明了一种积极向上、永不满足的心态，但是你对自己的要求可能太高，有的时候够好就行了。我们没有必要浪费太多时间去追逐完美的东西，对自己太过吹毛求疵，最后造成的结果可能是失败。我们需要调整好对待成功的平淡心态，不要太看重结果，着重去享受实现成功的过程，其实成功就离你不远了。

女演员佩吉·阿什克罗夫特有一次告诉导演诺里斯·霍顿，她从自己本身的经验以及和一些好演员如吉尔古德与奥利维尔合作后发现："有些伟大的角色，没有人有办法从头到尾全力演出，一个演员只能期望他常常有能力达到巅峰状态。"博比·琼斯也有相同的结论，他是唯一一个赢得高尔夫大满贯的高尔夫球员，包括美国公开赛、美国业余赛、英国公开赛及英国业余赛。

他说："我一直到学会调适自己的野心后才真正开始赢球。也就是对每一杆有合理的期望，力求表现良好、稳定，而不是寄望有一连串漂亮挥杆的成就。"

博比·琼斯的领悟得来不易，他必须与想要强迫自己超越自身能力的欲望苦战。他在高尔夫球员生涯的早期总是力求挥杆完美，当他做不到时，他就会打断球杆、破口大骂，甚至会离开球场。这种脾气使得很多球员不愿意和他一起打球。后来他渐渐了解，一旦打坏了一杆，这一杆就算完了，但是你必须尽力去打好下一杆。

有时候完美是必须追求的。比如制造航天火箭的人应致力于完美，考数学做计算题的时候应该没有任何的错误。然而，有些完美即使办得到，也不值得花时间去做。成功的时间管理者要知道什么时候应该追求完美，什么时候见好就收。

有时候你必须继续进行下一个计划，许多你必须做的计划和工作就像跨栏一样，你不应该碰倒栅栏，但是少碰倒一个栅栏不会有额外的加分，你只要跳过去。同理，如果你所做的计划需要在很短的时间内跨过很多栅栏，那么你花费太多精力在第一个栅栏上，就会精疲力尽而没有多余的气力完成剩下的部分，同时，你的速度也会减慢。最好的跨栏选手会以细微的差距跳过栅栏。

艾伦·休恩梅克所著的《大学生生存手册》中提到这一点。

他建议学生用最小的差距跳过障碍，以便为眼前其他的事情保留精力。忽视获得学位的基本要求——如果未修完统计学的研究生，不论他们在其他专业上是多么有天赋，永远也得不到学位。休恩梅克谈到一个他在伯克利的学生，这个学生喜欢研究，努力工作而且做得很好，但是，他在其中一个障碍处跌倒了。在发表25篇论文之后，他被退学了。

休恩梅克的论点适用于许多其他的领域。假如你现在已经确定好一个目标，当遇到某些障碍的时候，不停地钻牛角尖，企图用跳高的方式跨栏，最终你将会失败，而失败将使你的自信心受损，对未来没有希望。很多事情如果都用追求完美的标准来处理的话，那么你将面对的是，没有什么事情能够做得符合你的期望值。

时间永远是最公平的：分秒不浪费的记事本法

诸位，除了不要过于追求完美以外，我还要说明一些时间管理方面的原则，有了这些原则的指引，用记事本做时间管理的方法也就非常容易上手。

1.分清轻重缓急

要事第一，始终做最重要的事情。

分清轻重缓急，设定先后顺序——时间管理的精髓即在于此。

根据20/80原则，成功人士都是以分清主次的办法来统筹时间，把20%的时间用在最有效率的80%上。面对每天大大小小、纷繁复杂的事情，如何分清主次，把时间用在最有效率的地方呢？有三个判断标准：

（1）我必须做什么？这有两层意思：是否必须做，是否必须由我做。非做不可，但并非一定要你亲自做的事情，可以委派别人去做，自己只负责督促。

（2）什么能给我最高回报？应该用80%的时间做能带来最高回报的事情，而用20%的时间做其他事情。

（3）什么能给自己最大的满足感？

最高回报的事情，并非都能给自己最大的满足感，只有物质和精神的均衡才能和谐发展。因此，无论你有多忙，无论你的地位有多高，总需要抽出时间做令你满足和快乐的事情，惟如此，工作才是有趣的，并易保持工作热情。

通过以上三个标准的排序，事情的轻重缓急就很清楚了，然后，以重要性优先排序并坚持按这个原则去做，你将会发现，再没有其他办法比按重要性办事更能有效利用时间了。

2.制定计划，写成清单

好记性不如烂笔头，要相信笔记，养成"凡事预则立"的习惯。

为实现自己的人生目标，制定详细的计划清单，包括短期和中长期的计划，事务要明确具体。我们将在后面介绍具体的方法，同时还有很多小技巧，帮助大家更容易地学习如何用记事本做时间管理。

3.今日事今日毕

人的惰性总是爱拖延时间，凡事能拖就拖，一直撑到不能再拖为止才做。爱拖延的人总是常常觉得疲惫、心情不佳，因为应做而未做的工作不断给他压迫感。"若无闲事挂心头，便是人间好时节"。拖延者心里装着事儿，因而常感时间紧迫。拖延其实并不能为你省下时间和精力，刚好相反，它使你心力交瘁，疲于奔命。不仅于事无补，反而白白浪费了宝贵时间。

制定每日的工作时间进度表。每天都有目标，有结果，日清日新。今日不清，必然积累，积累就拖延，拖延必堕落、颓废。

拖延的恶习，说白了是为了暂时逃避内心深处的恐惧感。

首先，恐惧失败。似乎凡事拖一下，就不会立刻面对失败了，而且还可以自我安慰：我会做成的，只是现在还没有准备好。同时，拖延能为失败留下台阶，拖到最后一刻，即使做不好，也有借口说，在如此短的时间内能有如此表现已经是很不错的了。

其次，恐惧不如人。拖到最后，能不做便不做了，既消除了做不好低人一等的恐惧，还满足了虚荣心（因为可以辩白：换成是我的话，做得肯定比他们好）。

因此，养成遇事马上做，把记事本中当天的计划做完的好习惯，不仅可克服拖延，而且能占"笨鸟先飞"的先机。久而久之，必然培育出当机立断的大智大勇。

4.第一次做好，次次做好

要100%认真地工作，要全身心地工作。第一次没做好，同时也就浪费了没做好事情的时间。如果，你正在做第一次的记事本时间管理，不要忘了这项原则哦。

5.专心致志，不要有头无尾

上班时浪费时间最多的是时断时续的工作方式。不只是停顿下来本身费时，而且重新工作时，还需花时间调整情绪、思路和状态，这样，才能在停顿的地方接下去干。而有头无尾，更是明显的浪费。

6.养成整洁和条理的习惯

据统计，一般公司职员每年因不整洁和无条理的陋习，就要损失近20%的工作时间。

养成条理的习惯，还有另一层意思，就是寻找自己的"生理节奏"。

要用精力最好的时间来做最好的、最重大的事，而用精力不好的时间来做较不重要的事情，这样才能体现真正的品质和高效，保持能量，节省体力，节约时间。

每个人都有自己的生理节奏，符合它便事半功倍，否则必将事倍功半。

7.养成快速的节奏感

克服做事缓慢的习惯，调整你的步伐和行动。养成快速的节奏，不仅提高效率，节约时间，给人以良好的印象，而且也是健康的表现。日本人就把"快食""快便""快睡""快行""快思""快说"的"六快"之人，称为人中之杰。

8.设定完成期限

有期限才有紧迫感，才能珍惜时间。设定期限，是时间管理的重要标志。

9.善用零碎时间

争取时间的惟一方法是善用时间。把零碎时间用来从事零碎的工作，从而最大限度地提高工作效率。比如在车上时，在等待时，可用于学习，用于思考，用于简短地计划下一个行动，等等。充分利用零碎时间，短期内也许没有什么明显的感觉，但成年累月，将会有惊人的成效。

为后世留下诸多锦绣文章的宋代文学家欧阳修认定："余平生所做文章，多在三上：马上、枕上、厕上。"

看来，零碎的时间实在可以成就大事业。

三国时董遇读书的方法是"三余"："冬者岁之余，夜者日之余；阴雨者晴之余。"即要充分利用寒冬、深夜和雨天，别人歇手之时发奋苦学。他还认为"三余广学，百战雄才"。

而鲁迅先生，则是把别人用来喝咖啡的时间都用在了写作上。

滴水成河。用"分"来计算时间的人，比用"时"来计算时间的人，时间多59倍。

10.分秒不浪费的记事本法

几乎所有的伟人都有把想法记录下来的习惯。记事本是成功者必备的工具之一。他们用记事本来记录当天的重要事件和成长学习心得，用记事本来总结经验、反省过失，用记事本来规划明天、明确目标，用记事本来管理时间、集中精力、抓住大事……使用记事本就是在善用生命、设计生命。

使用记事本，让你做个聪明的懒人

　　一说起偷懒，常常带有贬义，但人类许多最重要的发明都是由一些设法寻找较简单做事方法的人所创造的。爱迪生曾是个名副其实的"懒虫"。他在电路公司做工时，为了偷懒睡觉，减轻值班的劳神之苦，就琢磨"偷懒"的办法。经过努力，终于研制出定时报音器，它能间隔一定的时间自动发出线路一切正常的运行讯号，这样爱迪生值班时，既能睡觉又能和其他人一样挣钱，可谓一举两得。莱波特在工厂做工时，老板让他坐在蒸汽发动机的旁边，当操作杆落下时，就把废汽放出去。可这个"懒鬼"觉得这活儿太累人了，就想改变它，使自己轻松一些，于是他试着在机器上装上几根铁丝和螺栓，没想到波特不但因此而脱身，可以尽情地玩，而且发动机的功率成倍的增加。就是这个主意，导致发现了往复式发动机活塞的工作原理。

　　我们从小时候接受教育开始，偷懒一直被认定为是不好的习性，然而这里所说的偷懒不是那种本性的、可恶的、绝对的偷懒，而是那种讲效率、有创造力的、有必要的偷懒。比如说读书，根本懒于读书是不对的，但真正如古人说的那种"头悬梁、锥刺股"式的勤奋又是否必要？读书也要讲究效率和方法，当人已经疲劳嗜睡时，再强打精神，肯定没有收益。人不是每时每刻都有精力，在精力旺盛的时候做事，效率一定是最高的。

　　人不应该在任何事情上都勤奋，那样只能有害无益，什么事情都感兴趣，什么事情都勤奋的人，表面看起来无所不能，实际上只能一无所能。所以我们只能在某些事情上勤奋，而在有些事情上则要懒惰。

　　人应当把时间和精力集中到最有益于发挥自己所擅长的事情上，爱动脑筋的事情上多勤奋一些，在重复性的、缺乏创造性的、繁琐的事情上懒惰一些，才能提高效率，把真正的精力放在值得做的事情上。

　　而事实上忙碌反而可能造成反效果。詹姆斯·沃森说："假如你要做大事，稍微降低工作量是必要的。"他与法兰西斯·克立克因为成功地发现DNA基因密码而共享诺贝尔奖。一本叙述科学人性面的作品《螺旋》，将他们如何减少工作量，也就是他们游手好闲，度周末、举行派对、做客以及其他娱乐的故事作了幽默的描述。

华特生与克立克有幸研究各种观念，与许多领域的科学家交换意见，参加世界各地的会议。但最重要的是，他们有时间去思考自身的所见、所闻、所读，这也是华特生嘉许降低工作量之意。假如这两位研究学者没有获得大笔的研究补助金，假如他们必须身兼两份工作以维生，大概就无法成就改造生物学研究的发现。多亏外界慷慨的赞助与英国大学强调思考的传统，华特生与克立克的工作量少得足以让他们去做有意义的事。

拿破仑·希尔认为，骑脚踏车的人走不远。假如你过于忙碌地工作而没有时间去思考你做的事，你将无法充分利用你的成就。降低工作量，让你在活动间有一段时间可以反省你刚完成与思考过的事情："这有什么意义？""如何利用我曾经做过的事？"同时还让你有时间思考是否还有其他的方式，以及你是如何与别人配合的。你可以检查存贷，储藏室的档案柜里也许有尚未使用的资源可以利用。

降低工作量，你才有空做广泛而非狭隘的研究。假如你过份专注于自己小小的领域，你不会知道其他领域也许对你目前从事的事有极大的影响。除非有时间广泛涉猎、学习他人所做的事，否则创新不可能发生。

第三章
梦想记事本：实现目标的关键环节

你可能想做正确的事，你甚至可能想为正确的理由而做正确的
事。但如果应用了不正确的方法，你仍可能碰壁而归。

——罗杰·梅里尔

不仅要有梦想，还要有清晰可量化的目标

记事本具有如此重大的意义与影响，但从小到大，却没有人教导我们如何去记它。在学校使用的笔记，只是专供记事用的笔记。如果记忆力强的话，不记笔记也无妨。只要从授课的片断去回想，同样也可获得好的成绩。许多人认为，记事本笔记只是一个备忘录，是为了怕忘记，或者说是为了记下之后就可以把它忘记，而预备的。智能文具很好，系统化笔记也很好，但不管你拥有多好的记事本，或在丰富精致的新设计本，却以盲目的方式去记的话，将没有任何效益。

很多人没有将梦想化为具体的目标，所有的梦想只能成为梦幻。还有很多人，付出了毕生的努力却无法获取成功，原因之一就是没有一个清晰而量化的目标，没有确定这个目标后矢志不移，坚持不懈的付诸行动以及在行动过程中持续不断的进行反思。

一个目标应该具备以下五个特征才可以说是完整的：

KEY1：具体的（specific）

KEY2：可衡量的（measurable）

KEY3：可达到的（attainable）

KEY4：相关的（relevant）

KEY5：基于时间的（time-based）

具体的

目标一定要是具体的，"我将来要做一个伟大的人"，这就是一个不具体的目标。如果想真正成为伟大的人，就必须将目标分解：什么样的人是伟大的人？要成为这样的人我应该采取哪些行动等等。比如你想减肥，那么你就订一个目标：每天一定要运动半小时以上，不吃高热量高蛋白质的食品。

从明确度来看，目标内容可以是模糊的，如仅告诉"请你做这件事"；目标也可以是明确的，如"请在十分钟内做完这25题"。明确的目标可使人们更清楚要怎么做，付出多大的努力才能达到目标。目标设定得明确，也便于评价个体的能力。

有人曾经做过一个试验，他把人分成两组，让他们去跳高。两组人的个子差不多，先是一起跳过了1米。他对第一组说："你们能够跳过1.2米。"他对第二组说："你们能够跳得更高。"经过练习后，让他们分别去跳，由于第一组有具体的目标，结果第一组每个人都跳过1.2米，而第二组的人因为没有具体目标，所以他们中大多数人只跳过了1米，少数人跳过了1.2米。这就是有和没有具体目标的差别所在。

可衡量的

任何一个目标都应有可以用来量化的，或是数字化的，你的目标愈明确，就能提供给你愈多的指引。再举减肥的例子，如果你想塑造苗条的身材，就应该考虑：每天我需要做多久的运动？做哪些类型的运动？每组活动各持续多长时间、做几组？每天能吃些什么，不能吃什么？进食量大概要多少？将目标细分解到数字上，我们的行动就更有方向。

可达到的

从难度来看，目标可以是容易的，如20分钟内做完10个题目；中等的，20分钟内做完20个题目；难的，20分钟内做完30个题目，或者是不可能完成的，如20分钟内做完100个题目。难度依赖于人和目标之间的关系，同样的目标对某人来说可能是容易的，而对另一个人来说可能是难的，这取决于他们的能力和经验。一般来说，目标的绝对难度越高，人们就越难达到它。有400多个研究发现，绩效与目标的难度水平呈线性关系。当然，这是有前提的，前提条件就是完成任务的人有足够的能力、对目标又有高度的承诺。在这样的条件下，任务越难，绩效越好。

多年前在美国进行了一项成就动机的试验。15个人被邀请参加一项套圈的游戏。在房间的一边钉上一根木棒，给每个人几个绳圈套到木棒上，离木棒的距离可以自己选择。站得太近的人很容易就把绳圈套在木棒上，而且很快地就泄气了；有的人站得太远，老是套不进去，于是很快就泄气了；但有少数人站的距离恰到好处，不但使游戏具有挑战性，而且他们也还有成就感。实验者解释这些人有高度的成就动机，他们通常不断地设定具挑战性但做得到的目标。

相关的

目标的制定应考虑和自己的生活、工作有一定的相关性，比如一个公司的职员，整天考虑的不是怎样才能做好工作，却一心做着明星梦，又不肯努力奋斗，在一天一天消耗中丧失学习、工作的能力，不思进取，不努力提高工作业务能力，最终会被公司抛弃、会被社会遗弃。

基于时间的

任何一个目标的实现都应该给定一个明确的时间限制，同样一个目标，有的人花一年的时间达成，有的人花十年的时间实现，效果是截然不同的。

目标确立后，最重要的是将目标付诸实践。但是"采取行动"，说起来容易，如果做起来也这么容易的话，我们所有人都能登上成功的顶峰了。光说不做，或者盲目地去做是实现目标的最大障碍。事实上，很多人离成功只有一步距离，但通常就是这一步阻止了人们得到他们渴望的成功。"行动决定一切"，它揭示的是不仅要积极实践，更重要的是，要勇于迈出那关键的一步，这样的行动才能真正决定你是否能获得成功。

如果说，你确立了自己的人生目标，并且进行无限细分，并且每天有行动，有反思，有改进，用思想带动行动，用行动带动行动，在行动中思考，在行动中成长，并形成书面材料记录在笔记本中，那么你的成功指日可待；即使现在不成功，那你也没有失败，仅仅是暂时的不成功；对成功而言，失败的字眼太消极了！

我想，你如果上述一切都做得非常好，那么，成功不是你所面临的问题，时间才是你最大的问题。没有人随随便便就能成功，你的恒心，决定你是否可以达到成功的顶点。往往，人可能离成功只有一步之遥，而此时放弃，那么，终究还是失败！对成功而言，你付出了99%的汗水和0%的汗水没有任何差别！你只有付出了100%，才能获得成功。

记事本的三大部分：梦想、行动和思考

接下来，我们将开始详述掌握使用记事本的基本办法。

通常，记事本的主要内容可以分为三大部分：

梦想集

你可以在梦想集中记录下你的人生目标，按实现梦想所需时间的长短，即短期目标、长期目标的划分方式来归类，做出各类计划表。如：

想做事情表：表单与虚拟实景照片集。这类表单记录下的是你人生的终极目标，具体的内容将在下面一节详述。

梦想与人生金字塔：将梦想分类，并决定优先顺序。

DWMY TO DO表（日星期月年实践表）：将未来年表分解成每天、每周、每月、每年必做的TO DO表。

今年的重点目标：将未来年表对与对去年反省的结论结合之

后，确认今年的重点目标。

进度确认表：将各个梦想与目标的达成率，加以图表化，以确认达成进度。

进度确认表

9月　　　正式决定专案小组

6-8月　　验证实验

4-5月　　决定合作厂商的商讨

2-3月　　与卫星导航厂商合作协议

1月　　　设立卫星导航系统专案讨论小组

行动集

TO DO表：将非做不可的事情，定下"何时做什么"的TO DO表。

珠玑语集：维持圆梦动机的基本信念集，只要看到觉得可以作为参考的名言，都可以写在这里，例如座右铭、名言名句、公司理念等等。

中长期计划表：参考TO DO表与今年的重点目标，作为以月年为单位的计划表。

短期计划表：参考TO DO表与今年的重点目标，作成以天与星期为单位的计划表。

DWMY确认表：用来确认是否有达到短中长期计划的确认表。

思考集

会议待行事项：与谁谈了（或将要谈）什么，并且将待行事项列上。

DWMY确认表：用来确认是否有达到短中长期计划的确认表。

项目类别档案：依据项目类别或是专案类别分类整理。

思考确认表：留下自己的思考踪迹。

杂记：备忘录、各种电话号码基本资料、备用活页纸、利贴。

这三个部分中，最重要的是梦想集，因为要实现梦想，与以下几个条件息息相关：

KEY1：写在纸上

KEY2：强烈相信自己可以达成

KEY3：维持动机

KEY4：持续不断努力

打开记事本就能看见自己的梦想是什么，目前与梦想还有多少距离，记事本都可以帮我们一目了然。因此，借着记事本，可以帮助我们实现梦想，真的一点都不错。

记事本里的梦想、行动与思考

梦想集	行动集	思考集
↓	↓	↓
（1）想做事情表	（1）TO DO表	（1）会议待行事项
（2）梦想与人生金字塔	（2）珠玑语录	（2）DWMY确认表
（3）DWMY TO DO表	（3）中长期计划表	（3）项目类别档案
（4）今年的重点目标	（4）短期计划表	（4）思考确认表
（5）进度确认表	（5）DWMY表	（5）杂记

想做什么不重要，重要的是怎么做

你是不是有时觉得自己所构想的梦想图景虚无缥缈、若隐若现，或者你的梦想常常随着环境而改变，不够坚定。这可不是妥善运用笔记本实现自己梦想的好兆头哦！

那么，如何确定自己真正的梦想，使自己能够为了它坚持不懈、持之以恒地行动与反思呢？

当你开始构想自己的人生计划时，第一步就是联想你生活中最重要的事情；背景、环境有重要意义。考虑一种人生全景的图像吧——你最在乎什么，什么使你的生活意义深长。关键在于你对下面三个问题怀有比较清晰的构想：

问题1：什么是最重要的？

问题2：什么使你的生活有意义？

问题3：你想在自己的一生中成为怎样的人，做出什么大事？

这些问题必须清晰，因为它影响其他的一切——你的目标、你的决定、你的思维模式以及你如何度过自己的生活。如果你还没有自己的梦想，你可以通过下述做法体会什么事对你意义重大：

行动1：列出三或四项你认为是你生活中的重要事物。

行动2：考虑你可能认为的长期目标。

行动3：想想自己生活中最重要的人际关系。

行动4：思量你想做出的贡献。回想你希望拥有的感觉——平和、自信、快乐、奉献精神和生活的意义。

行动5：如果你只剩下6个月的生命，你想如何度过。

考虑清楚后，就把它们整理成梦想记录在记事本上吧，当然啦，看得见的摸得着的梦想，比较容易实现。因此，一个比较有趣的方法就是，将梦想集里的梦想用虚拟照片表现出来。

比如，当你想要买一件独栋别墅，在房地产公司的宣传单上，贴上自己的全家福照片，并且把这份虚拟实境的传单，贴上之前提到的梦想集"想做事情表"。

如果你的目标是把英文练到顶尖，就把财经杂志里，知名CEO与华人CEO会晤握手的页面，贴在梦想集里，以鼓励自己有朝一日达到那样的境界。

换言之，只有写"想做什么"的效力不大，要加以视觉化而且细分化，并且寸步不离手不离眼，这样的记事本才有追梦的力量。

时刻牢记你的目标

有名的旅馆业者康拉德·希尔顿将他的成功全归功于目标的魔力。

经济萧条打击了希尔顿。自1929年股币大崩盘后，没有人想要旅行，就算有，他们也不会住进希尔顿在20年代中收购的那些旅馆。到了1931年，他的债主威胁要撤销抵押权。不但他的洗衣店被典当，他甚至还被迫向门房借钱以糊口。潦倒之际，希尔顿偶然看到了沃尔多夫饭店的照片：6个厨房、200名厨师、500位服务生、2000间房间，还有附属私人医院与位于地下室旁的私人铁路。他将这张照片剪下来，并在上面写上"世界之最"。

希尔顿事后形容1931年："那段迷失而混乱的日子真是连想都不敢想。"但那张沃尔多夫饭店的照片自此就保存在他的皮夹里，一直激励着他努力奋斗。当他再度拥有自己的书桌后，他便将照片压在书桌的玻璃板下，随时看着它。在事业渐有起色而且买了新的大桌子后，他仍把那张珍贵的照片放在玻璃板下面。18年后，1949年10月，希尔顿买下了沃尔多夫饭店。那张照片使得希尔顿的梦想有了具体的雏形，让他有一种可以全力以赴的目标。那张照片就像是一张提示卡，如同格利布朗放在桌上的杂志一样，不断地激励他们向目标迈进。

荷马赖斯同希尔顿一样，也是一个因目标而成功的人。荷马赖斯是乔治亚科技大学黄夹克队的常驻运动总监。因为赖斯的成就斐然，美国全国大学运动协会的同僚们以他的名字设立了一个奖项，每年颁发给全国最优秀的运动总监。赖斯发迹于肯塔基的乡下中学，后来转到一间较大的中学，继续他的教练生涯。在那儿，他缔造了辉煌的记录：101胜、9负、7平，7季全胜，50场连胜以及连续5年的冠军。之后他更上一层楼，当上了大学教练、专业教练和大学的运动总监。

他是如何做到的呢？一开始，赖斯读遍了所有能找得到的有关成功的书，他发现许多书都建议读者写下希望达成的事：你的渴望、目标及梦想。年轻的赖斯教练便依样画葫芦，并且在旁边写出达成目标的日期，以及达成目标的计划。像奇迹一般，赖斯一步步地完成了他所订下的目标。他对这种结果非常满意，因此也教他的队员们这么做。多年以来他仍乐此不疲。

　　赖斯有时会被邀去发表演讲。有一次，他给同学们看一组3乘5大小的卡片，然后告诉同学们："上面都是我的目标，一张一个，我都随身带着。当我等着登机时，就会将卡片拿出来温习。而且真正的乐趣在于实现这些目标。"他相信目标应该要清楚而明确，而且每天至少大声念出两次，必有助于将这些目标融入潜意识里。他说："有耐心，放轻松，保持信心，该是你的，自然跑不掉。"

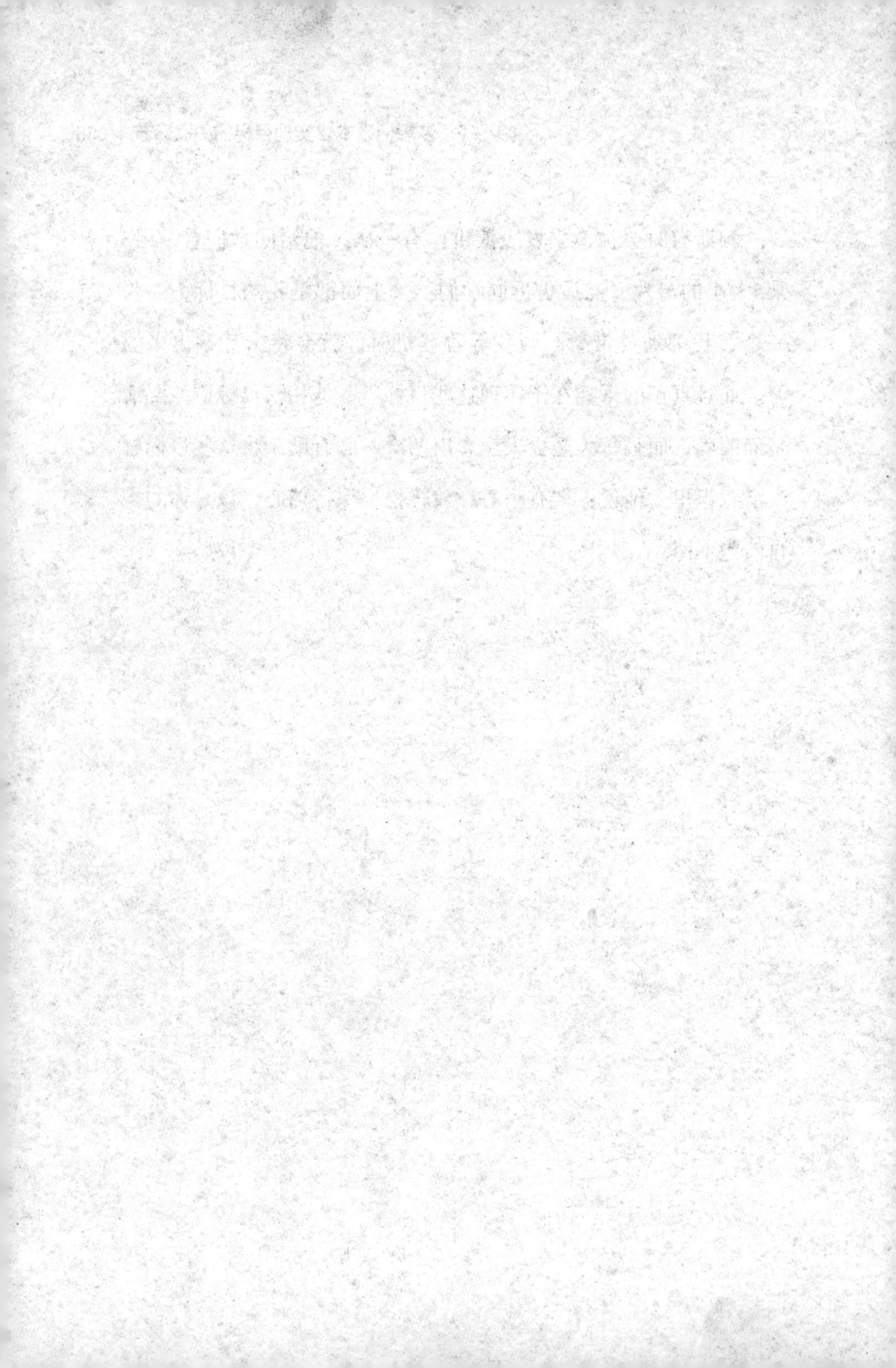

第四章
计划记事本：没有计划的努力，只是在作秀而已

凡事都要有统一和决断，因此成功不站在自信的一方，而站在有
计划的一方。

——拿破仑

制订短期计划、中期计划和长期计划

　　一般而言，短期是指一年以内的时间，长期一般超过5年以上，而中期界于两者之间。短期计划包括每日计划、每周计划，也可称为行程表，中长期计划通常以月作为单位，或者以年为单位。无论短期计划，还是长期计划，记录行动集的内容都是为了实现梦想。

　　你必须事先知道一个月后有哪些重要的客户需要拜访，而预做准备。还有些人甚至会预估他们长期计划表上每一个计划需要花多少时间完成，然后再利用这些周计划、月计划，甚至年计划表来制作每日计划表。

　　因此，做好中长期计划是短期计划的基础，但是也不要太小看短期计划中的日计划或周计划而无心作好记录，如果没有好好实践，中长期计划做得再好，也于事无补。同时，你最好把行动过程中的注意事项写入珠玑语集里，时时提醒自己。

举个例子，如果你今年的目标是减肥，那么在以天为单位的短期计划表中，就要写上"每天慢跑一小时"。但是，如果慢跑一小时之后喝了一瓶啤酒，就等于前功尽弃。所以，要在珠玑语录集里写上戒酒，并把"只喝低卡啤酒"的戒律写在便利贴上，每天贴在新的一天的短期计划页面上，这样一来，珠玑语集与短期计划表才能相辅相成。

在行动集中，最重要的是将我们的时间按长短做出周期性的安排，这样有利于我们合理地利用不同阶段的时间来做短中长期计划表。我们将先从一天的周期，来考虑时间的周期。

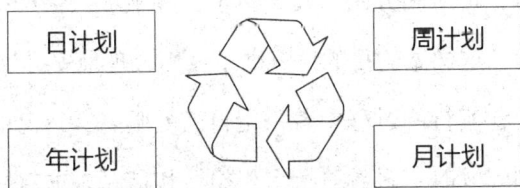

行动集的时间周期与短中长期计划表

日计划　周计划　年计划　月计划

一天的周期

你如何安排一天的时间？你在一天内要做些什么？

每天都有固定的24个小时，如果我们将一天的时间，看成几个单位的集合的话，会比较容易安排和分配时间，并做好每日的短期计划，也就是行程表。

如果能掌握一天的结构与周期，对自己一天的行动在大脑中就会产生一个大致的安排。

这就意味着，每天你对自己在一天的时间内能干什么，在什么时间段里完成都可以做到心中有数。有了这样粗略的安排，你就可借此思考，自己能否有能力做到这些事，并且还不浪费时间。

从人的生理和心理角度考虑的话，以两个时间为单位，是一个比较恰当的单位时间。当然，这个单位时间会因个人的职业不同，而有所变化，总之是因人而异的。

了解自己身体的周期（早起型、晚睡型），并配合之。创造出自己的时间周期，就可以更有效率地去运用时间。

请注意，把时间分割为几个单位，并不单只是严格照此一丝不苟的行动，这样做的目的，有助于我们合理地安排好时间。

我们应在实行的过程中着重用自己的眼睛，自己的头脑去看时间，遇到问题时，多看看，多想想，相信一定能有一些意想不到的发现。通过这种发现，思维就有了不起的地方。借着这样的过程，使我们产生足以创造有创意的生活的眼光。

早上2个小时，下午1个单位，晚上1个单位，通常是工作、学习效率较高的时间。在自己的生理范围内，合理利用好这些时间，将会让你省时省力地完成一个个任务。

只要思考今天要在哪个单位做什么事，日计划的时间表安排就算完成了。

掌握一周的周期

在掌握一天的周期与结构后，再来掌握一周的结构与周期就可以了。

一周的周期实际上是一天周期的集合，首先将一天的时间周期化，才能更好地做好一周的时间安排。如果每天的计划较为平淡，或偶有高潮，那么一周的计划只要依日计划的时间表，就能轻而易举地完成了。

掌握你日常生活一天的周期化与一周的周期化，就是你是否能逐步完成计划与时间表的要诀。

月周期与年周期，因为周期较长，面对的不确定因素比较多，对我们而言是较难把握的，比较起来，一周在感觉上比较容易掌握。掌握这种让人有概念的时段，就是安排时间表的窍门。

事实上，当以周为单位时，即使其中的一天被浪费，仍有机会使这一周充实。

以天为单位的时间有时太短了，某些任务或许很难在一天之内完成，但如果以周为单位的话，就可以星期来分配每一天的性质，甚至有时一天都玩掉也不要紧。

　　以星期几来决定每天的性质，从快乐的星期五，转变到快乐的星期四，运动或文化的星期三，旅行的周末等，已相当一般化了。

　　所谓以一周为单位，安排生活计划，是说最好在星期几开会或商谈，在星期几最好能看书或上课，好不容易才拍下的录像带该在哪一天看……给每一个日子，一个独特的个性。

　　通过思考可直接用做时间表的笔记。只要在各栏的左上角写上日期即可。

　　你的一周，是怎样的呢？

月计划就是模拟安排各课题的时间表

　　通常记事本上的月时间表，每个月只有一张。

　　如果你的日常生活是比较有规律的，那么你只要记录一些固定的事，用一张纸就够了。但如果你想把自己的活动安排得更丰富、更积极的话，就必须留出足够的空白之处，尝试一些模拟或错误，随心所欲多用几张，会比较方便。

　　所以如何在记事本中记录月计划，同样也是安排时间表上的诀窍之一。

　　如果只有一张月计划，你就可以在记事本上，用彩色笔将例假日标出，再将其他月份的例假日标出，就可以随心所欲，根据个人的喜好，去安排许多不同的月计划。

你也可以打破一个月一张时间表的方法，依计划来做时间表，也可以将时间分为：公或私来安排，这样在你的私人时间里，就可以想出一些新的生活方式，使自己的日子过得更充实、更有生趣。

但月份计划表，绝不能成为行动的计划表。

要记住，每天的行动仍应思考，因为月计划只是帮助你预见这个月将会发生的事，或提醒你本月份的约会，只有每日的计划才能成为行动的计划表。

以年计划来掌握宝贵的光阴

一年有54周，以周为单位，制造一些变化。因为每周都各有特色，生活也随之多彩，自然也就不再是一成不变的苍白岁月。

这种设计，就是充实人生的智慧。如果更极端点的话，一年只需要这个年度计划及一周或一天就足够了，其他的设计纸没有也无妨。

因此，我们在笔记中，准备了这个年度计划指引。

这个年度计划指引详细地标出了例假日等，使我们能好好掌握住一年的时间。我们可以边注视这个年度计划指引，重组我们对时间的笼统印象。在这附近该做这件事，又快到了该做那件事的时候了，在这周休假怎样呢……

以这种方式将一年的时间计划，区分出来。

只要去思考一下，就会明白的。结合计划与时间表，能赋予抽象的概念一个具体的形式，一个行动性的印象，使时间能更有效地被运用。

请将一年，这一个长而抽象的时间，与今天一天的行动这个具体概念相结合。在其中亦可使用月或季，甚至更短的周等时间的单位。

而如何取时间的单位，与如何使各单位联络，就是结合计划与时间表的秘诀所在。

我们也可以将时间的单位，改称为时间的周期。这么一来，就会牵涉许多个人性的问题。

这不仅是将时间的单位，分割成长与短的技术性的问题，还会因个人的生活方式、想法、工作而产生很大的差异。因此知道自己的"时间的周期"或去创造它，就是善用时间的秘诀。

所谓周期，就是你办事所采用的周期效应。在记事本的运用过程中，周计划的制定是最频繁、时间周期长度最合理的一种，我们将在后面详细的解释，并重点介绍周计划的制定方法。许多善用时间的成功人士都会规划长期计划表。

制订最适合自己的记事分类

记事本的内容庞杂，究竟要如何分类？这就是思考集中项目类别档案的功能。作为一家公司的经营者，他的记事本可能分为人事、资金、并购、组织、投资人关系、资本政策、新事业研究、家人八个部分。每个部分都加入思考确认表的活页，例如新事业研究这个类别，作者以成长性、将来型、新奇性、成为第一名的可能性、能否取得专利权、竞争者是谁、大环境面、能否独占、能否发行上市、必要的员工人数等观点分析，然后用几个记号○∨△评估。所以在记事本中必须保留出足够的空间。

惠普公司的女CEO卡莉·菲奥莉娜对付琐事的方式就是分门别类，她的办公桌上有成千上万的便条、信件、推销函，当记者问她如何处理，她回答："分类。"每一张纸，卡莉尽量只要处理一次就好，如果她拿起一张纸，不论是信件、便条或是报告，她就会随手把它处理好，不会什么都不做又放回去。卡莉将文件分成三类：第一类包含需要立刻处理的项目，第二类则是不紧急但是很重要的文件，第三类则是可以在空闲时候阅读的文件。所以事实上，有些文件她还是处理了两次，一次是看它们属于哪一类，第二次则是实际处理文件的时候。不过她不会像许多人一样，将那些文件一再地拿进拿出。将文件分成三类似乎不是什么重要的技巧，只要一拿起信件就马上处理好也不是很特别，但是，这个观念却是建立在深厚的基本的原则上。

为了使思考集的计划确认表能够发挥作用，我们首先应在计划项目旁注明日期与时间。时间日记并不总是灵丹妙药，只有真正下决心完成计划表上的事，时间日记才能起到大的作用。而下定决心的最好办法就是制订完成计划表上每项工作的时间。

大多数人的工作日记只是用来记录会议和约会，而卓有成效的经理人们则是利用以半小时做划分的工作日记规划工作及约会。如果你只将访客和会议记录下来，一旦你的工作日记上没有任何记录时，似乎你一整天都有空接待访客。其实，这就大错特错了。

重要的工作和访客、会议一样，都应该全部记录下来，拿破仑·希尔认为，只有在备忘录上将工作时间安排好后，才能真正完成这些工作。

思考集还有一个部分是会议待行项目集要，开会时，打开记事本的这个部分，将自己必须做的事情，需要解决的课题，还有希望对方完成的事情，用条例的方式写出来，然后在每一项前面加上方框，一旦日后完成，就在方框中打勾。下一次会议时，摊开上次的会议活页，还没有处理的事情可以一目了然，增加会议的效率。

充分利用记事本的辅助版块

记事本的辅助部分包括日历、时间表、通讯录和备忘录。这三个部分类属于思考集，它们包含了记事本中尤其重要的信息，所以要重点说明一下。

日历、时间表

首先，所谓的日历及时间表，这两者要凑成一组来看较好，也就是要对照着来看。

日历最好是两年份的比较方便，比如，你可以将今年的日历和明年的放在一起做对照，以一年为单位来计划固然比较容易，但是如果能有明年的日程表，就可使计划的眼光更长远。

日程表方面，由于制造厂商的设计不同，会有许多形式。我们在选择的时候，除了考虑便利性外，也要注意配合个人的职业、兴趣等等。大致而言，有单日式、周志、月志及年志式这几种。

在上文中我们曾经推荐使用圣经大小的活页式记事本，由于可以抽换，所以也可以使用原有商品以外的纸张。当然，无论使用什么样的记事本，如果不花心思、不愿投入自己的心血，一样是没有什么效率可言。

公元2017年5月14日
备 忘 事 项

◀	2017年5月				▶	
日	一	二	三	四	五	六
	1	2	3	4	5	6
7	8	9	10	11	12	13
14	15	16	17	18	19	20
21	22	23	24	25	26	27
28	29	30	31			

时间安排	
时间不确定	
8：00	
9：00	
10：00	
11：00	
12：00	
13：00	
14：00	
15：00	
16：00	
其他时间段	

通讯录

通讯录保存了我们日常联系人的详细资料，包括人名、手机号、邮箱地址、住址、工作单位等等。专门准备一本这样的通讯本，在我们需要联络某人时，只要打开通讯录就能轻而易举地找到他的联系方式。但是由于个人整理后分类的方法不同，而使得这一册通讯本有难查及易查之分，只要多下一些功夫，在找一个人的通讯地址、电话时就会容易得多了。有的通讯录以人名开头字母作为分类标准，比如张三，归到Z组；李四，归到L组，这种记录方式，能够非常方便地帮助我们查找。

一般而言，在记事本中都附有通讯栏，但是往往都会受到版面的限制。如果记入太多的通讯资料的话，找起来反而更加麻烦。

所以，如何在有限的空间内记入必要的内容，这就是一门学问了。我们通常只记入与工作有关的名字及电话号码。

在记事本中记录通讯录的资料，基本都必须具备浅显易懂的标志。若是怠于做这项工作，不仅查阅起来费时，而且信息的运用也无法顺畅。但是，我们在做记录时，不能一味地追求简洁，而忽略重要信息，因此前提必须是：以最低限度的必要事项，依某种规则，事无巨细毫无遗漏地记载下来，而且能够记载住址和联络地点的变更情形，因此必须经常不断地修改补充。

最通常的方法是使用英文字母（或依拼音符号的顺序）来区分，或者采用公私划分的方法来做归类。

与工作有关而最常记载的内容就是"公司名称、公司地址、电话号码、传真机号码，以及负责人姓名、住宅地址、电话号码"等基本事项。另外，至少必须记载有"公司名称和电话号码"，甚至只写"姓名"的情形也有。前者有七项，而后者只有两项，问题是这些项目要记录到怎样的程度。

写得太多的话，虽然较详细，但也较费事。写得太少的话，虽然较轻松，但又太不合乎实际所用。

其实，究竟该如何做最恰当，不妨以"交往的深浅程度"来划分。例如交易上的对象，一般都只记公司名称和电话号码。但若包括私人的交往，就应该再加入住宅的电话号码。有关这方面的取舍标准，则决定于各人的经验。

通讯录，必须具备有浅显易懂的标志，最通常的方法是使用英文字母来区分，或者采用公私划分的方法来归类。

你必须学会牢记客户姓名

当你拿起一张包括你在内的团体照片时，你先看谁呢？毫无疑问，一定先看自己。

当高考放榜时，你先找谁的姓名呢？不用说，当然先找自己的大名。

每当我们到风景区游览时，经常会发现有人在石头或树干上刻名留念。

为什么他们会有这种幼稚可笑的举动呢？因为他们希望别人知道他们，他们希望"永远活在别人的心中"。

由于人类是最自私的动物，他们最关心的是自己，所以连带非常关心自己的姓名。假如你能够尊重并牢记别人的姓名，就表示你在乎他。这非但能建立良好的人际关系，而且对业务的拓展也大有帮助。

记忆人名除了心记外还要归功于常常动笔记在记事本子上。

1.善用别人的姓名

原本对于钢铁一窍不通的安德鲁·卡耐基，如何成为举世闻名的钢铁大王呢？他成功的秘诀就是：极为尊重别人的姓名。

10岁时，卡耐基无意间得到一只母兔子，不久，母兔就生下一窝小兔子。可是，他的零用钱有限，确实没有足够的钱买食物来喂这一窝小兔子。于是，他想出了一个点子，他告诉邻居的小朋友，只要他们肯拿食物来，他将用小朋友的名字为小兔的名字。小朋友听了，立刻踊跃提供食物。这件事给卡耐基极深刻的启示：人们非常在乎自己的姓名。

卡耐基长大成人后，有一次为了竞标太平洋铁路公司的卧车合约，与竞争者布尔门铁路公司卯上了。双方为了得标，不断削价火拼，均已无利可图。

不久，卡耐基与布尔门都到纽约去见太平洋铁路公司的董事会，他们在饭店门口巧遇了。卡耐基对布尔门说："我们这不都在作贱自己吗？"布尔门说："你是指什么呢？"卡耐基向布尔门陈述恶性竞争的坏处，并提议化解前嫌，彼此携手合作。布尔门认为有点道理，可是仍旧无法全部接受。布尔门突然问道："假如我们合作的话，新公司要取什么名称好呢？卡耐基想起了童年养兔的往事，他断然回答："当然要取'布尔门卧车公司'

啦！"布尔门听了，顿时双眼发亮，两人很快就达成了合作协议。

又有一次，卡耐基在美国宾州匹兹堡盖了一家钢铁厂，专门生产铁轨。当时，美国宾士维尼亚铁路公司是铁轨的大客户，而该铁路公司的董事长名叫汤姆生。卡耐基又想起兔子的故事，于是，他就把那家新盖的钢铁厂命名为"汤姆生钢铁厂"。这样一来，汤姆生董事长要采购铁轨时，自然会优先考虑"汤姆生钢铁厂"了。

卡耐基这一套"尊重别人姓名"的本事，使他无往不利，生意兴隆，最后建立了他的钢铁王国。

2.做牢记人名的高手

了解"尊重别人姓名"的重要与价值之后，进一步就得设法牢记别人的姓名。我们常听许多人说："我就是记性很差，老是记不住别人的姓名。"或是"我的记忆力不好，因此人跟名字就是对不上来"。

记别人的姓名很困难吗？雪佛兰通用汽车分公司的总经理巴布·兰德能记6000个人的姓名；台湾全华科技图书公司董事长詹仪正能记10000个人名；美国前邮务总长杰姆能牢记50000个人名。巴布·兰德能够牢记全美6000个以上的雪佛兰汽车经销商。在每一次的

经销商联谊会议里，他都能一一叫出每一位经销商的大名，

并亲切跟他们寒暄。他这种超乎常人的记人名本事，是他成功的原因之一。

全华科技图书公司是一家专门出版科学技术书籍的企业，该公司以台湾全省的高工与专科学校为其主要推销对象。该公司董事长詹仪正为了拓展业务，牢记了全省高工与专科学校约10000个教师的姓名。他的特殊才能，使该公司业务兴隆。

杰姆10岁丧父。连小学都没读完，但他在46岁时，获得四所大学的荣誉学位，并担任美国邮务总长。杰姆成功的秘诀就在能牢记50000个人名。这套特异本领，使他在1932年当选为民主党全国委员会主席，甚至把富兰克林·罗斯福拥进白宫。他的所作所为给政治人物上了宝贵的一课——选举要取胜，必须牢记选民的姓名。

或许你会说，巴布、詹仪正、杰姆都是特例，一般人做不到。其实记人名就跟背英文单词一样，只要肯用心，下苦功，必有所成。

作为一名推销员，你所接触的客户数量与我们以上例举记的要少得多，想来最多不过数百个。如果你能把他们的名字单单记住，对你的推销成功将会有很大帮助。

3.牢记人名的方法

对一般人而言，记几十个几百个姓名不难，是平常事；可是，能记数千个数万个，甚至10万个人名，就非比寻常。

要牢记人名，可参考下面四种方法：

（1）用心仔细听

把记别人姓名当成重要事。每当认识新朋友时，一方面用心注意地听，一方面牢牢记住。若听不清对方的大名，请立刻再问一次。切记！每一个人对自己的名字，比全世界的人名总合起来还关心。

（2）利用笔记，帮助记忆

别信任自己的记忆力，在取得对方名片之后，必须把他的特征、嗜好、专长、生日等写在名片背后，以帮助记忆。当然，若能配合照片另制资料卡，则更理想。

（3）反复使用，协助记忆

重复一个人的姓名，能够帮助记忆。因此，在初次谈话中，应故意多叫几次对方的大名。如果对方的姓名很少见或奇特，不妨请教其写法与取名的经过。此种以姓名为话题的处理方式，更能加深印象。

（4）运用有趣的联想

这是利用对方的特征、个性、谐音，以产生联想的记忆方法。

特征联想：譬如对方叫李茂生，而他的特征是毛发茂盛，可用毛发茂盛联想到他的姓名。

个性联想：譬如对方叫林文彬，而他的个性文质彬彬，则可从个性联想到姓名。

谐音：譬如对方叫程安兴，则可用"请安心"来联想。

你必须学会使用备忘录

备忘录是为了防止忘记重要事情而做的记录。人类是健忘的动物，如果人人都有过目不忘的超强记忆力，就不需要备忘录了。换言之"有了备忘录就可以忘记"。

备忘录栏的功能之一，就是具有整理脑中所记忆的内容的效用。也正因为如此，它比较适合记下自己的自由构想。

最常被使用的，就是横式或直式的纸张。有人却比较喜欢那种大约5厘米宽的方格纸。不只是记录文字，要画表格或流程图都比较方便。还可以记些调查记录、会议记录、日记、读书笔记、读后感、札记、小结等等东西。

书写备忘录的 10 大要点

以逐项列举为原则	一定要记下标题
5W2H为其重点	日期与时间必定要记入

事前要建立口述笔记关键字	注意数字与专有名词
名片中亦可记下备忘事项	多使用记号与缩写
整理工作必须当日完成	不要吝惜纸张

备忘录中要尽可能的多记录一些资料，就算目前没有价值也不可丢弃，而且保留得越多越有助益。因为所记下的内容中，有一些是业已被其他活动加工过的资料，直接可作为记录保存下来的。若能善加保存的话，将可作为极佳的个人资料。备忘的事项原本是片断的，各个之间都没什么太大的意义与关联性。但若是聚在一起的话，将可能从中寻找出不少资料而能创造新意。

书写备忘录会因其目的之不同，而有不同的书写方法。但不论在任何情形下，都有一些共通的基本要素，亦即"书写备忘录的要诀"。记事本的版面空间极为狭窄，在这有限的空间中，要尽可能地记下所需的资料。了解了基本要诀的话，将可减少在时间和体力方面的浪费。备忘录的五项要诀包括：

1.善用标题

在这里提到的标题，不必把它想得很困难，而只是要使所说的话让别人了解即可，最重要的是把5W2H加入。写备忘录是不可能把所有资料全部记下，因而记入备忘录中的资料是有选择的。换言之，既然是写备忘录，写到某种程度也就够了。

我对于构思、资料、留言所使用的备忘录，首先都会写上日期，这点常为人所忽略。因为写上日期的话，事后不论是再整理或再阅读也都十分方便。

例如写电话留言时，就记下"91/08/24××送来货品"，最好连时间也记下。

2.内容只须记重点

备忘录是以速度决胜负，不能像写文章似的长篇大论，而是以条列式的重点短文书写。会议、演讲、电话留言只要记下关键字，事后能还原至相当的程度即可。不过在这种情况下，要多汇集可作为资料来源的关键用语，并尽可能及早整理关键字汇。

3.数字一定要记下

当客户打电话来问："××商品还有存货吗？"但很遗憾的是已经卖完了，于是对方又问："何时可再进货？"这时就非答不可。除了回答"我不知道"外，若是回答道"还有两星期左右"以及"在下个月5号左右会进货"，这两种回答哪一种感觉比较有诚意呢？我想大多数的人都会选后者，因为这种回答比较具体，这就是数字所具有的最大功用。数字在越复杂的内容中，就越能发挥其说服力，这点请各位多必记下。

写备忘录时也是一样，要尽量写上数字。可能的话，还可以加上图解、表格等形式来表达，如此将会更正确。虽说是图表形式，但本质上仍是备忘录，只要以几个点来画图表，再加入座标，即可描出大致的情况。总之，不必太在意细微的部分，只要能看出重点的所在，这才是写备忘录的重点。

4.以"5W2H"整理备忘录

备忘录所书写的内容要有意义，但是有时候备忘录也必须加以整理。在这时若能知道备忘录的整理要诀，那可就方便多了。这时的备忘录（尤其是业务上的备忘录）必须以5W2H为基础来思考。

①Who（谁）负责人、协助人

②Why（为什么）目的、理由

③What（是什么）主题、作业内容

④When（何时）期限、时间

⑤where（何处）场所

⑥How（如何）方法、顺序、手段

⑦How Much（多少）价格、数量、范围

反过来说，写备忘录时，应考虑在事后记录者能立刻回想出这些内容。至于接到命令或指令时，这7个项目也都能有效地派上用场。

5.以书签代替备忘录

看书是我的嗜好之一，而阅读书籍时，我常把书签夹在书里代替备忘录。当有中意的内容时，能够迅速就书签抄写在该页，

而不会在一转身或接电话时就忘了。因此在写报告或作文章时，整理起来就很方便。因为事后再阅读时，也比较容易掌握内容。而留言用的备忘录，专有名词、时间（日期）、数字千万不可遗漏。常有访客来访但要我的对象不在，而有代收名片的情形。这时若在名片上稍加注明，它所具备的情报价值就大不相同。还有在帮他人写备忘录要比写自己的更谨慎，这虽然并不容易，但也值得去学习。

着眼周计划，让我们既看到梦想又关注细节

专业摄影师利用各种不同的镜头来工作，他们利用广角镜头和超广角镜头来捕捉全景；他们利用望远镜头把遥远的物体拉近到眼前；他们利用常规镜头摄影，摄下的景象与人类眼睛所看到的最为接近；他们利用显微镜头拍摄特写；他们拥有一个专门技术就是，知道什么时候该用什么镜头以产生需要的效果。

就像摄影师一样，我们在自我领导方面的一个专门技术就是，知道什么时候以效率最高的方法来完成自己的任务。大多数情况，人们会将注意力集中于每日计划，这种集中注意看来是合理的。日是时间的完整的最小自然单位——从日出到日落；24小时我们就面对一个新的议事日程。我们可以对一天做出规划，设定每日目标、安排当天的约会、给各项活动分出优先顺序。当一天过去，我们接受这一天的结果，重新为明天作计划、安排进

度、分出优先顺序。什么都不会遗失。

但是，注意力集中于每日计划，就像你在大街上走着却用望远镜头观察事务。他让我们的注意力集中于眼前的事务——紧迫的、眼前的、紧急的事务。所以，我们实际上是在给危机安排优先顺序。大多数每日计划方案原来的目的是帮我们做到要事第一，实际上每日计划却让我们集中精力做紧迫事务为先。这种前瞻不足以实现他原来的目的。

当然，我们也有可能把注意力仅仅集中于全景目标。如果我们不把构想转化为行动，我们就与现实失去了联系而成为理想主义的梦想家，于是也会失去自信和他人的信任。

我们都面临这个似乎两难的抉择。

那么，我们如何解决这个两难抉择，既集中关注具体事务又保持全景性前瞻呢？

一周的前瞻提供了解决方案，它以一种平衡、现实的方式把全景与当天联系起来。因为周代表生活中最完整的基元。它包括工作日、傍晚、周末，是对日常活动具有更合适的判断尺度。

一周的前瞻催促我们做自我更新的规划——留出时间让自己休整和反思——每日和每周。

一周的前瞻既让我们看到了整体，即规划的全景、梦想，又让我们关注到细节——我们的角色和具体的目标。这样，我们就不会变成一个理想主义的梦想家，也不会让自己迷失在细节中使自己的生活变成机械的、分离的片断。

便条：培育一周前瞻的目标

1.每周指定特殊的时间来作一周的日程安排，找一个合适的地方进行内省和沉思。

2.记录下一周内那些由于"周"的前瞻而让你的处理有所不同的情况，记录在你的日程中。周末对自己的经验进行评估。

3.如果你还没准备好这样做。预留一天以便个人的更新、反思并重新做出承诺——不只是休闲。在这天，你不要做你官场作的事情。一个月后，评估这样做对你生活的影响。

4.如果你与他人一起生活或工作，和他们一起开会来安排一周的日程。设法协调你们的活动，以便更好地实现每个人的目标。

一周行程表范例

一个经营一家小型公司的老板，他不但要管账也要管理业务方面的工作，要与员工互动，也必须听取日常业务的相关报告或意见，杂事相当多。

他将在下面公开自己典型的一周生活行程表，或许各位会感到很意外，晚上他很早就结束工作。因为这位老板觉得白天十几种精力工作的最好时间，一旦白天全力以赴工作，到了夜晚就没有力气再去处理其他与工作相关的事。同时，晚上是与人沟通、吸收各种信息、积累人脉的有效运用时间。

星期一

6：30　起床。边看早间新闻，边准备早餐、吃早餐。

在家里的电脑前阅读新闻标题，将有兴趣的新闻发到自己的邮箱，等到公司后又时间再慢慢阅读。

7：00　出门。在上班路上大致都是阅读日报或商业周刊。

　　　　因为这个时段车上不会很拥挤，所以可以在车上阅读。

8：00　抵达公司。确认邮件。

　　　　将有兴趣的邮件再次深入阅读。

8：30　着手进行提案书制作。

　　　　为K信用金库的地区促销案进行战略提案。

9：30　完成提案书

　　　　以电子邮件将提案书寄给代理K信用金库的D公司负责
　　　　人员。

　　　　将今天要前往的M公司相关资料看过一遍（在上周就
　　　　已经整理好）。

10：00　出席与M公司签约的例行会议。将收集的资料提出
　　　　来作说明。针对营业额下滑的情形深入进行讨论，
　　　　且请出席者提出各种方案。

　　　　会议上争取得到M公司老板的关照，负责制作他们
　　　　公司秋天的宣传企划案。

13：00　与M公司老板午餐，对秋天的宣传企划案作更详细
　　　　的商讨。

15：00　回到公司。将PDA记录的业务资料储存在个人电脑。

　　　　以WORD简单的整理一下格式寄给外出的属下A。

以电子邮件指示属下A，请他先思考M公司的案子
所需的工作分担、经营等。

16：00　接受其他员工的联络、报告、业务讨论等。
确认信件、回复信件。

18：00　离开公司。

19：00　抵达报告会场。
担任讲师。

21：00　报告会结束。
与参加报告会的成员喝几杯。

23：00　回家。察看电子邮件信箱后洗澡、睡觉。

星期二

6：30　起床。与星期一几乎相同。

7：00　出门。与星期一几乎相同。

8：00　抵达公司。察看电子邮件信箱，收到属下A针对下午
13：00会议的确认信件。

8：30　着手进行提案书制作，内容针对通讯公司C公司的使
用者作新广告企划提案。

9：00　完成提案书。
以邮件传送至代理商T公司负责C公司业务的人员。

10：00　思考整理下午要与属下A讨论的说明资料，以及从业

务资料中找出可以丰富提案书的题材。

12：00　与属下S及实习生K午餐。

13：00　回到公司。

与属下A开会讨论M公司的提案。

针对题材内容大致上两人都无异议，接下来由我继

续完成提案书的制作。

16：00　在沙发上小睡15分钟。

确认电子邮件、回复信件。

收到代理商T公司负责C公司业务的人员，针对早上

送出的提案书回信。

18：00　离开公司。

19：00　在银座的咖啡厅与WEB杂志的编辑H先生碰面。想

看看他对于新企划案的意见。

详细的叙述目前尚未锁定消费者群等意见。

21：00　回家。确认电子邮件后洗澡睡觉。

星期三

6：00　起床。与星期一几乎相同。

7：00　开车前往市中心。

8：00　将车停在停车场，进入公司。

与P公司签订关于提案书制作的业务委托契约。

8：30　着手制作提案书。

M公司秋天的宣传企划书，题材内容已与属下A开会

讨论。

9：00　完成提案书。

将提案书内容以电子邮件传给属下A，因为下周在M

公司进行的例行会议上发表需要A帮忙。

9：30　代理商T公司负责C公司业务的人员来访，详细倾听

T公司的各种计划，并约定时间将意见修改回复。

12：00　午餐、散步。

13：00　回公司，开始修改提送给C公司的提案书。

14：00　完成提送给C公司的提案书，以电子邮件传送给代

理商T公司。

17：00　指示下属S去银行办理汇款手续。

18：00　P公司的某先生来访。讨论有关厂商B公司的新开发

案子。

19：00　与P公司的先生简单吃个便饭。交换各种意见、情报。

22：00　回家，确认信件后就寝。

星期四

6：30　起床。与星期一几乎相同。

7：00　出门。与星期一几乎相同。

8：00　抵达公司。确认信件，收到属下A针对下午要进行的会议的确认信件。

8：30　进行GPS行动电话调查。在网络上搜寻资料，阅读相关资讯。

9：00　着手进行提案书制作。内容是关于厂商B公司的GPS行动电话服务系统开发案。

10：30　完成提案书，以电子邮件传送给P公司的先生，在以电话进行细节的讨论和调整。

将接近百分百完成的提案书，再次以电子邮件传送给P公司。等待回信。

12：00　与代理商T公司负责C公司业务的人员吃午餐。针对明日星期五的简报发表进行最终的协商。

13：00　回到公司。

与属下A针对M公司的提案再次进行讨论，只是简报发表会相关辅佐事项。此外对于提案书的印刷及档案制作也一并指示。

16：00　接受其他员工的联络、报告、业务上的洽谈等等。

接受、回复电子邮件。

18：00　离开公司。

18：30　去书店寻找有关GPS手机的资料。

22：00　回到家。确认电子邮件后洗澡睡觉。

星期五

7：00　起床。与星期一大抵相同。

8：00　出门，与星期一大抵相同。

9：00　抵达公司，针对昨天的提案书稍作修改，马上完成以电子邮件交给客户。

10：00　与税务人员针对GCP公司的年度结算进行总结。

11：30　离开公司。

13：30　与代理商T公司负责公C司业务人员的碰面。

14：00　开始简报会议，回答在场人士的问题。

16：00　与代理商T公司负责此案的人在饭店进行探讨。

17：00　回公司，接受几个有关业务上的洽谈。

确认从属下A那里得到下星期一在M公司作简报发表的资料。

19：00　与朋友去参观市中心新成立的复合式设施，并在那里吃晚饭。

23：00　回家，确认电子邮件后洗澡，就寝。

在这个一周的行程范例中可以看到，时间被安排得非常合理并且紧凑，如此高效的工作和生活状态是不是很让人羡慕。我对300位成功经理人的时间统计结果如下，看看他们在一周内都是如何安排的：

一星期时间总结表时间统计

项目活动	每星期估计花费的时间（小时）	每星期实际花费的时间（小时）	上两项时间的差额（小时）	占每星期的总时间的百分比（%）
公务活动小时	45	50	−5	29.8
个人活动小时	45	40	5	23.8
家庭活动小时	32	46	−14	27.4
休闲活动小时	40	27.5	12.5	16.4
其他活动	6	4.5	1.5	2.6
时间总计	168	168	0	100

第五章
和记事本死磕：按部就班就能成功

当你想清楚如何做的时候，已经成功了一大半，剩下的工作就只是按部就班地实现它们。

————歌德

记事本的基本方法

当我们购买记事本后，我们就开始了记事本的使用过程。在此之前，最好是对自己的梦想要拥有最坚定的观念，也就是对个人的人生未来的蓝图有个比较清醒的认识和了解，这样，我们才能在记事本的使用过程中，在目标的引导下，掌握好使用记事本的方法。

翻开记事本，首先印入眼帘的是个人资料信息库，在购买了记事本后，我们应该立即在此写上自己的姓名、联系方式与住址，这样做是为了以防万一，即使记事本丢失，拾到的人也可以按照这些信息找回失主。

第二，在记事本的扉页上，可以留下你的座右铭或者人生的梦想，在你遇到困难，想打退堂鼓的时候，可以翻开扉页时时提醒自己，鞭策自己。

另外，有些记事本本身带有口袋，我们也可以充分的利用它，比如放一些重要的便条，或是重要人物的名片、资料等，或是一些常常使用的信息，把这些东西放在记事本的口袋里，能够让我们非常方便的使用它们。

记事本最主要的功能是记录下每天的行程和计划，从效率的角度考虑，记录的内容自己能读懂就可以了，可以使用省略句或是符号，尽量要使记录的内容简洁、易懂，当然不能贪图简便，把整个记事本写的乱七八糟，反而自己看不懂所记录的内容。

在我们的记事本中，总会有一些个人的隐私不希望别人看到，解决这个问题的方法，可采用灵活运用密码、暗记符号的方式，这样别人就看不懂你的内容啦。不过，自己一定要记着这些符号的意思，要不然会适得其反。

找到自己的定位和角色

我们在生活中各有各的角色——不是扮演的角色，而是我们选择去履行的真实角色。我们可能在工作、家庭、社区或其他领域中是个重要的角色。角色代表责任、人际关系以及做出贡献的领域。

我们的痛苦大多来自下述事实：我们成功履行了某个角色，其代价却是牺牲另一个角色，甚至可能是更重要的角色。我们可能是成功的公司副主席，但在父亲和配偶方面却一点儿也不成功。我们可能在满足客户要求方面获得满分，但在个人的发展和成长方面却没有满足自己的内心要求。

一个清晰的角色组合能自然的提供先后次序和平衡。如果你有了梦想，你的角色将随之产生。角色之间的平衡并不意味着你在每个角色上花费时间，而是这些角色共同起作用让你完成自己的目标。

首先，把你认为合适的角色都列出来，不要过分考虑怎样一上来就把它们都搞对了。你可能要花几周时间才能列全把握自己生活的各个方面的角色，并让它们行之有效。没有现成的万全之策，换一个人完全可能列出不同的角色。此外，随着物换星移，角色也可能随之改变。你可能更换了自己的职业、参加了某个俱乐部、结了婚或做了父亲或祖父。

你可以简单地把家庭角色定义为"家庭成员"；你也可以选择把它分成两个角色"丈夫"和"父亲"，"妻子"和"母亲"，"女儿"和"妹妹"。生活中的某些领域，例如职业，可能包括若干个角色：一个是管理岗位的、一个是销售岗位的、一个是人事岗位的以及一个长期规划岗位的。你可能还希望有一个反映个人成长的角色。

一个产品开发执行官，可以这样定义他的角色：

个人——个人发展、业余爱好、父亲、家庭管理、父母

经理——新产品、研发、雇员成长、行政管理、协会主席

推销员——财务行政管理、房地产

研究发现：要动脑处理的类别多于七个的时候效率会下降，因此我们建议合并相近的类别，例如行政管理/财务或人事/团队建设，以便角色的总数不超过七个。这有利于围绕这些角色尽心

安排和思考。另一方面，也不要认为角色必须达到七个。如果你只确认了五个或六个角色，那也很好。"七"这个数目只不过表示脑力活动容易加工的上限而已。

在你确认的这些角色之外，我们还建议加上一个独立而基本的角色，称为"磨刀不误砍柴工"。我们把它列为独立角色有两个原因：（1）这是每个人都具有的角色；（2）对于其他各个角色的成功，它是最基本的。

其实，名称"磨刀不误砍柴工"是个比喻，描述我们为增加个人才能而花费在四个基本层面——健康、智力、情感和精神中的精力。我们经常是如此忙于"砍柴"（生产产品）已知忘却了"磨刀"（保持或增加我们未来生产产品的能力）。我们可能忽略了锻炼（健康领域），或没有去建立关键的社会关系（社会/情感领域）；我们也可能在自己专业领域落后了（智力领域），或者弄不清楚在自己的生活中什么是重要的、那些具有重要意义（精神领域）。如果不能在这些层面发展个人才能，我们将很快又与不平衡而变得感觉迟钝、疲惫不堪。我们将无法在其他角色上继续发挥有效作用。

如果尚未确认角色，请在记事本上写在你的各个角色！

考虑下述问题：

1.是否发现一个或者两个角色占用了我的大部分精力，其他角色却没有得到我本来想给于的时间和关注？

2.有多少我的"要事"位于这些没有得到我的大部分时间和关注的角色之中？

3.我所选择的各个角色是否共同做出贡献已实现我的梦想？

4.以周为单位考虑角色并保持各项活动之间的适当平衡，对于我的生活是否圆满会产生怎样的影响？

认识到自己的角色之后，我们可以因此来有效地安排自己的时间，拿5月10号这一天举例：

四 月	S	M	T	W	TH	F	SA
					1	2	3
	4	5	6	7	8	9	10
	11	12	13	14	15	16	17
	18	19	20	21	22	23	24
	25	26	27	28	29	30	

五 月	S	M	T	W	TH	F	SA
	30	31					1
	2	3	4	5	6	7	8
	9	10	11	12	13	14	15
	16	17	18	19	20	21	22
	23	24	25	26	27	28	29

六 月	S	M	T	W	TH	F	SA
			1	2	3	4	5
	6	7	8	9	10	11	12
	13	14	15	16	17	18	19
	20	21	22	23	24	25	26
	27	28	29	30			

角色	目标	提醒
角色一：部门经理	准备企划书	上午9：00之前完成
	与某公司老板谈判签约	15：00
角色二：个人发展	游泳、健身	
	阅读	
角色三：父母		★与儿子一起去运动
	抽时间和儿子在一起	

以简洁方式创建自己的记事本语言

　　虽然前面所叙述的方法，可以让记事本看起来容易阅读。但是如果要使记事本看起来比较简洁，还应该在多花点心思，使自己能以轻松的心情往下看，并采取行动。

　　如果能以条列的方式记下内容，会使自己能够在短时间内理解下一步应该做些什么。

　　以这本书为例子来说，所有的内容几乎都是以条列的方式构成。如此一来便能在短时间内，让读者理解文章的内容。

　　但是，虽然将要点条列式就已经足够，但若是每天的行程或项目太多，多达10项甚至20项，会使记事本显得杂乱无章。最好就是将内容分类标记，使重点一目了然。例如，我们可以将一天的时间分为：工作时间、娱乐时间、交际时间、休息时间等，在每个时间板块中分配时间。或者简单地将时间分为工作前、工作中、工作后三部分，无论怎样分，都可以依据个人的喜好。

以条列式的方法记录在记事本上能够非常清楚的表现重点，但是如果时间比较紧急，要求快速的记录下内容的话，最简洁的方法还是用图解的方式。各图形的意义各有不同，在使用图形时，可在脑中先统一其规则。比如：

长方形：处理、作业/组织、部署/表示具体的概念

椭圆形：没有实体的群组/表示抽象的概念

菱形：表示判断

圆柱形：表示资料库

线形箭头：表达顺序的前后关系/移动、流通/表示作业的起点和终点

空心的箭头：表示变化的前后

实心的箭头：表示因果关系、影响

三角形：表示作业的前后关系

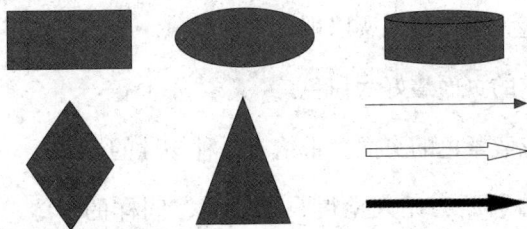

上述是规则中的几个例子，可以表达出记事本整体统一的感觉，请各位作为参考。

清楚地表达出记事本中的轻重缓急

　　前面我们提到了用颜色来区分目标的轻重缓急，当然彩色的版面会让整个记事本显得活泼生动。但是必须要留心的是，若只是一股脑儿地大量使用各种颜色，不仅不会有效果，反而会给人不好的感觉。

　　我们可以依据一下的重点来制作，就可掌握住基本要点：

　　颜色种类除了白色以外，请尽量控制在三种颜色之内。但是浅蓝及深蓝为同一色系所以视为一种颜色。

　　记事本的页面最好为白色。

　　蓝色或蓝紫色的页面会带给人一种知性的好感。

　　黄色的页面会让人觉得眼睛疲劳，同样的，绿色也不适合使用。

　　配色方面请考虑"左侧法则"，因为人倾向将稳定的感觉置于左侧，所以在左侧搭配暗色系回教具有效果。

若有强调的部分，以红色来搭配准没错。如果红色不是只用在真正想要强调的重点上，效果会减低。

总之，用颜色表达目标的轻重缓急，应尽量减少颜色的种类，统一颜色的使用方法，尽量能够使你的记事本内容一目了然。

适时进行信息的更改和取舍工作

　　为了使记事本的内容一目了然，应该对信息的预定、确定与实行进行明确的区分记录。

　　记录预定的信息时，最好能留出空间以保证后期的删减、添加。一般来说，一条信息可留出两到三行，甚至更大的空间来保证未来所发生的不确定因素，这样一来，即使发生什么突然事件，我们的记事本也能记录得清晰而有条理。

　　发生变更的事情，应留下变更前的记录。因为变更后的事情可能不准确、也可能又变回原来的事情，留下原有的记录，就可以避免因事情的反复造成记录的重复。

　　在通讯录里，应确保每一个人留下两个通讯栏，因为现代社会的人，空间上流动的比较快，联系方式、住址变动也非常的频繁，通讯录的变化也是挺普遍的，所以，最好能空出至少两个通讯栏留给一个人使用。

我们还应做好定期进行信息的整理和删除工作，养成习惯，精简和更新记事本的内容。

有一种"未雨绸缪"的方法，能够相对的减少信息的更改和取舍工作，就是在记事本中涉及续接来年的记录栏。众所周知，事先做好计划，并沿着大方向一步一步坚定地走下去，过程的变更是很少发生的，因此为了来年的目标，做好计划，并记录在记事本上，我们后期的工作量也会相对的减少一些。

另外值得注意的一点是，为了保证记录的连续性，过去几年的记事本，最好能保留下来，或许几年后的某一天，在一个黄昏的下午，重新拿起过去的记事本，文字所传达给你的感觉会非常的微妙，就像翻开日记本一样，过往的岁月随着一页页的笔记历历呈现在我们的面前，那里有欢乐、痛苦，更重要的是，我们在这些记事本中，看到了自己的成长过程，以及人在这个阶段的心理变化，所有这一切，都能成为我们保留下记事本的最好理由。

协调记事本的每个细节

大型的交响乐管弦乐团和谐地结合了许多的个人表演，有时候甚至多达百人。每一位音乐家以及各种的弦乐、木管、打击乐器部门都各自有不同的责任。他们可能会个人分别练习或各个部门各自练习，然而表演一开始，所有的人和部门的反应都是一致的，因为每个音乐家都有一份完整的乐谱告诉他们其他人在做什么。

众所周知，乐谱或是计划并不会埋没演奏技巧，反而是将演奏技巧提升到更高的境界。成功地协调任何事情——从制作电影、指导冠军足球队、到指挥管弦乐团——的关键之一就是制作一份乐谱，然后，计所有参与的人知道这个乐谱。

拍摄了《奇爱医生》《2001年太空漫游》的电影制作人斯坦利·库柏利克统筹制作了影片的每一个环节，从旅行计划一直到拍摄细节。他和悬念大师希区柯克很像，希区柯克也会规划每一幕戏中细微、复杂的细节。导演们统筹影片的方法就是：在开拍之前，先在脑海里构想整部电影的影像，再将脑海中出现的影像仔细转移到纸上，只有在紧急的状况下才允许误差存在。为了确保每个人在开镜时都准备就绪，精确的计划和管理是必要的。

当然不是每一人电影制作人都像斯坦利·库柏利克或希区柯克一样注重细节，有一些很优秀的制作人和导演容许相当程度的自由，还有些人善于即兴发挥。但是，库柏利克和希区柯克都证明了：通过仔细的安排可以将概念近乎完整地从构想转移至影片。

有史以来最伟大的篮球教练约翰·伍登将协调技术提升到了艺术的形式。伍登等了15年才赢得他第一个全国大专篮球比赛的冠军，然而他在加州大学洛杉矶分校的最后12年中就囊括了10次冠军，这个战绩在篮球史上尚无人能，且听听伍登怎样形容自己的训练方式吧："每一次训练都有精确的目的，而且也有精确时间，你要从一个训练进行到下一个训练然后再下一个，中间不能中断也不能回头重复前一个训练。每一项运动就像是结构严谨的网架，架在球员预期会增加的疲劳度之上。

每一天都有个别的训练计划，但是，你可以预期它的精确度，而且练习可以准时结束，这种确定性舒解了这1个小时45分钟的煎熬。"

这种注重细节的方式不仅在体育运动方面管用，在工商企业方面也有效。如果你负责规划特别的活动、广告宣传、促销等工作，一份纵览全局的计划尤其重要。如果参与的人数众多，工作必须分层负责时，最好准备一份包括人、事、时、方法的详细计划，以及一旦发生问题时的处理方式。如果你不喜欢，或是不擅长准备详细计划，请机构中专业的人来做，或是雇用其他人。

注意细节的原则运用在记事本上，可以表现在许多方面，比如统一符号标记及使用规则等。

要拥有一本完美的记事本，提升记事本的细节部分，使之更深入更有内涵，就应多花点时间进行记事本版面的修改，可以将整体感觉改善，记事本的主人也会更加乐意的将它随时携带在身上，也就能更有效的进行时间管理。

首先我们应该进行基本的确认，符号所表达的意思是否一致，数字的记号是否统一。光是如此，阅读的容易度应该就能提升，对记事本内容的理解也能到位。

举个例子，制定以下的规则，来统一记事本的整体内容：

开头的记号用数字标示，小标用（数字）表示；

必要的话每行之间空一行；

保留必要的空间以便临时修改；

在每页的右边留出一块版面写下自己的心得。

第六章
时间记事本：效率是整理出来的

做事多而快代替不了做该做的事。

——史蒂芬·科维

鹅卵石的故事

在一次上时间管理的课，教授在桌子上放了一个装水的罐子。然后又从桌子下面拿出一些正好可以从罐口放进罐子里的鹅卵石。当教授把石块放完后问他的学生道："你们说这罐子是不是满的？"

"是。"有的学生异口同声地回答说。

"真的吗？"教授笑着问。

然后再从桌底下拿出一袋碎石子，把碎石子从罐口倒下去，摇一摇，再加一些，再问学生："你们说，这罐子现在是不是满的？"

这回他的学生不敢回答得太快。

最后班上有位学生怯生生地细声回答道："也许没满。"

"很好！"教授说完后，又从桌下拿出一袋沙子，慢慢的倒进罐子里。倒完后，于是再问班上的学生："现在你们再告诉我，这个罐子是满的呢？还是没满？"

"没有满，"全班同学这下学乖了，大家很有信心地回答说。

"好极了！"教授再一次称赞这些"孺子可教也"的学生们。称赞完了后，教授从桌底下拿出一大瓶水，把水倒在看起来已经被鹅卵石、小碎石、沙子填满了的罐子。当这些事都做完之后，教授正色问他班上的同学："我们从上面这些事情得到什么重要的功课？"

班上一阵沉默，然后一位自以为聪明的学生回答说："无论我们的工作多忙，行程排得多满，如果要逼一下的话，还是可以多做些事的。"

这位学生回答完后心中很得意地想："这门课到底讲的是时间管理啊！"

教授听到这样的回答后，点了点头，微笑道："答案不错，但并不是我要告诉你们的重要信息。"说到这里，这位教授故意顿住，用眼睛向全班同学扫了一遍说："我想告诉各位最重要的信息是，如果你不先将大的鹅卵石放进罐子里去，你也许以后永远没机会把它们再放进去了。

这则小故事最大的启示是：要好好学会活用记事本的技巧。因为好的记事本活用方式可以帮助你像总统一样忙，像国王一样玩。不过要注意的是，记事本上记载的行程是一种手段而非目的，如果写下时间与预定事项就以为活用了记事本，那就小看记事本的作用。重点应该是，在写下待办事项之后，一再地反复推敲研究准备，将所有的过程准备好，才能让写下的计划变成事实。

换句话说，调查/准备/实行的功夫，还有预定/确定/变更，或预定/变更/确定的后续功夫，才是真正有效的活用记事本的方式。

检查：谁偷走了你的时间？

童年时代的我们往往对于光阴的流逝，少有感触，每天无忧无虑的生活着，天天盼望长大成人，对时间的认识也不深。但是随着年龄的增长，时间对我们的价值也愈来愈高。尤其是人到中年和老年阶段，随着体力的下降，总有时不我待、韶华不为少年留的感慨。

据时间管理学研究者们发现，人们的时间往往是被下述"时间盗贼"给偷走的。

寻找乱放的东西

曾经对美国200家大公司职员所做的调查显示，公司职员每年都要把6周时间浪费在寻找乱放的东西上面。也意味着，他们每年要损失10%的时间。对付这个"时间盗贼"，有一条最好的原则：分门别类。将不用的东西清理掉，保留下的东西按照类别放在固定的地方。

文件处置测验

请快速地解答以下十二个问题。如你无法即刻对某些题目提供确切的答案，则请在题目前打问号"？"。

1.订购文具后所取得的帐单。

2.收到一本管理杂志，其中可能具有值得阅读的文章，但目前你无暇阅读。

3.来自上司的会议通知（下周一举行会议）。

4.某大学企管系学生寄来的问卷。

5.部属交来的（或是你个人的）一份用于准备下一个月业务报告的有关资料。

6.一封需要尽快回复的信，但你必须先打数次电话才能回复。

7.一位你经常接触的人告知新地址及新电话号码的E-mail。

8.组织内其他平行部门的来函，要求取得你的部门的市场（或其他）调查报告。

9.某管理顾问公司中寄来的出版物宣传单，你认为其中一、两本书也许值得订购，但你无法确定是否真正值得订购。

10.客户寄来的一封投诉信。

11.人事部门发出的有关员工考核程序的函件。

12.提醒自己明年及早准备财务预算的备忘录。

假如你在以上十二个问题的前面写上了两个或两个以上的
"？"，则表示你仍欠缺一套完整的文件处置系统。你最好尽快
设计这样的一套系统来帮助你！

偷懒

对付这个"时间盗贼"的办法是：

①使用记事本，至少将每天的计划行程记录下来，并保证自
己一定能完成。

②工作环境不能家居化；比如，有的人喜欢躺在床上学习，但
是温暖舒适的床会让人很快的昏昏欲睡，最终导致学习效率低下。

③趁早开始，不要拖延时间。

时断时续

研究发现，造成公司职员浪费时间最多的是干活时断时续的
方式。因为重新工作时，这位职员需要花时间调整大脑活动及注
意力后才能在停顿的地方接着干下去。

惋惜不已或白日做梦

老是想着过去犯过的错误和失去的机会，唏嘘不已，或者空
想未来，这两种心境都是极浪费时间的。

拖拖拉拉

这种人花许多时间思考要做的事，担心这个担心那个，找借
口推迟行动，又为没有完成任务而悔恨。在这段时间里，其实他

们本来能完成任务而且应转入下一个工作了。

你是否是喜欢拖延的人?

星期一早晨,你又为起床感到费劲,你觉得这对你来说太困难了。

你明知道你染上一些恶习例如抽烟、喝酒,而又不愿改掉,你常常跟自己说:"我要是愿意的话,肯定可以戒掉。"

你今天有个老板布置的工作,你觉得可能做不完,或是今天太疲劳了,不如明天早上来了再做,那样可能精神更好;或每当你接受新的工作时,你总是感到身体疲惫。

你想做点体力活,如打扫房间、清理门窗、修剪草坪等等,可是你却迟迟没有行动,你总有各种各样的原因不去做,例如工作繁忙、身体很累等等。

你曾经伤心于你的失恋,其实你本来可以和那个女孩(或男孩)走到一起,共度美好一生。

你一辈子住在一个地方,你不愿意搬走,去换换环境。

总是制定健身计划,可你从不付诸行动,"我该跑步了……,从下周一开始"。

你答应要带你的宝贝去公园玩,可是一个月过去了,你由于各种原因还是没有履行诺言,你的孩子对你失望至极。

你总在那里盼望旅游或度假,"或许我明年就能体验那样的生活了！"

你喜欢当评论员，你总是希望通过评论别人来掩饰自己的无能。

武断、风风火火

与拖拉作风正好相反，武断是在未获得对一个问题的充分信息之前就匆忙行动，以至于往往需要推倒重来。这种人必须培养自己的自制力。

时间被填满的假相

区分轻重缓急是时间管理中很关键的问题。即使是避免了上述大多数问题的人，如果不懂得分清轻重缓急，也达不到应有的效率。

许多人在处理日常事务时，完全不考虑完成某个任务之后他们会得到什么好处。这些人以为每个任务都是一样的，只要时间被工作填得满满的，他们就会很高兴。或者，他们愿意做表面看来有趣的事情，而不理会不那么有趣的事情。他们完全不知道怎样把人生的任务和责任按重要性排队，确定主次。在确定每一天具体做什么之前，要问自己三个问题。

①我要做什么？——明确那些非做不可，又必须自己亲自做的事情。

②什么能给我最高回报？——人们应该把时间和精力集中在能给自己最高回报的事情上。

③什么能给我们最大的满足感？——在能给自己带来最高回报的事情中，优先安排能给自己带来满足感和快乐的事情。

随时警惕你的"时间窃贼"，别被填满时间的假相所迷惑，最简单的解决方法就是按照上面所说的三个步骤来做。

惜时的诀窍

学会活用记事本，首先要学会惜时的诀窍，因为掌握时间是为了使自己的时间更充实。

每天清晨一张开眼，我们就应思考今天这一天该如何度过以及在自己的人生这个时间轴上今天如何定位，才能利用好一天的时间，一步一个脚印逐步实现自己的梦想。

我们生活在争分夺秒工作的社会环境中，我们的愿望、梦想、期待与欲望及与其相关的计划，何时做，何时完成，都是在安排每一天的时间中渐渐积累实现的。它们就是我们要思考如何"行程"的材料。

一天只要完成几件真正重要的事

俗话说：一口吃不成一个胖子，在安排行程表时最必须注意的，就是不能贪心，把自己的行程安排得满满的，而没有重点，这不是一个明智的选择，因为在这个年代，盲目的忙碌只会使自己身心疲惫，事半功倍，空不出时间思考，缺乏自省，这样的人只是一个不停运转的机器。

当然，你可以将行程表安排得滴水不漏，但是，你必须对什么是真正重要的事做到心中有数。安排行程表的原则就是，一天只要达成几件真正重要的事，就足够了。

一周的计划也是如此。

绝不要超过这个限度。这是最理想的。一个人最好不要意图安排自己所无法实现的时间表。同时加上分辨何者真正重要，不为无谓的事浪费时间与精力，如此就能拥有许多令人兴奋的一天。

当然你的计划表范围应该要广泛，但绝不能原百科全书，否则作很可能会力不从心。

玛丽·凯·阿什曾在创办玛丽·凯化妆品公司初期听到的一则有关查尔斯施瓦布（美国一家数一数二的钢铁公司总裁）的故事。

一名企管顾问艾维·李对施瓦布说："我可以教你如何提高公司的效率。"施瓦市问："费用是多少？"李说："如果无效的话，免费；但如果有效，希望你能拨出公司因此省下的费用的1%给我。"施瓦布同意说："很公平。"接着施瓦布问李要怎么做，"我需要与每一位高级主管面对面谈10分钟。"施瓦布答应了。李开始与所有高级主管会面，他告诉每一位主管："在下班离开办公室前，请写下6件你今天尚未完成，但明天一定得做的事。"主管们都同意这个主意，并在开始实行这个计划后，他们发现自己比以前更专心了，因为有了这张表，他们会努力完成表上的事情。

不久之后，公司的生产力有了显著的改善，几个月后因为效果惊人，施瓦布开了张35000美元的支票给李。

玛丽·凯说："当我听到这个故事后心想，如果这个方法对施瓦布而言值35000美元，对我也会有同样的价值。"因此，她开始在每天下班前写下6件明天要做的重要事情，而且也鼓励业务员这么做。今天的玛丽·凯化妆品公司拥有二十多万业务员，印制了上百万份的粉红色小便条本，每一张便条纸上写的都是："我明天必须做的6件重要事项。"

找出可以不做的事，并不去完成它的人，就是有能力的人。巴里特的名句"重要的事，经常只占整个事的20%"，是令人难以想象的真实。这就是时间管理的原则——二八原则。生活应该是很单纯的。因此，不要把事情"复杂化"。而事实上，让事情变得复杂的，不是别人，而是你自己。

不值得做的，千万别做

记事本中每日的行程计划，并不是所有都值得做的，有的事情可以跳过，有的可以交代给其他人做。最重要的是：不值得做的，千万别做。

编剧家尼尔·西蒙决定是否将一个构想发展为剧本前会问自己："假如我要写这个剧本，在每一页都尽量保持故事的原则性，而且能将剧本和其中的角色发挥得淋漓尽致的话，这个剧本会有多好呢？"答案有时候是："还不错，会是一个好剧本，但不值得花费一两年的生命。"如果是这样，西蒙就不会写。遗憾的是，大多数人一直要到他们的生涯走了一大段路以后，才开始问这样的问题，也许是因为年轻时并不了解计划一旦开始要花费多少时间才能完成，也不了解我们的时间其实非常有限。

时间专家尤金·葛里斯曼的早期生涯确实也是如此：就在他当上一所大型大学院校的系主任之后，一个全国性的科学机构邀请尤金·葛里斯曼在他们的年度会议上发表论文。他以为这是有关政治方面的事，于是就答应了这个要求，并花了相当多的时间准备，但发表会的结果却令人大失所望。出席会议就是参与这个计划的那些人，总共4个。经过这次教训，当天他便下定决心绝不再轻易答应任何事情。不久之后，同一个机构又请他将当时发表的内容写成一篇论文，刊登在他们没有人看的期刊上，他拒绝了。学校中有许多老师年复一年这样地发表论文、写论文，也规规矩矩地将这些活动列在他们的履历表上。有人认为，这些人至少做了点事情，总比什么都没做好。拿破仑·希尔认为比什么都不做还糟。当他们以为他们在做一些事情时，其实他们什么也没做，还比什么都没做更惨。

下面有4个很好的理由说明了绝对不要做不值得做的事：

1.不值得做的事会让你误以为自己完成了某些事情

就像将没人听过或读过的论文列在履历程上一样，你只是对白费力气沾沾自喜罢了。

2.不值得做的事会消耗时间与精力

因为用在一项活动上的资源不能再用在其他的活动上，不值得做的事所用的每一项资源都可以被用在其他有用的事情上。

3.不值得做的事会赋予自己生命

社会学家韦伯说，一项活动的单纯规律性会逐渐演变为必然性。一段时间之后，人们会说："我们不应该让它消失，我们已经做这么久了。"许多机构、刊物或活动根本就不该存在，其仍能持续存在的原因只是大家已经习惯，有了认同感，如果让他们消失的话，会有罪恶感。"

4.不值得做的事会生生不息

做了不值得做的事之后，就需要组织一个委员会来监督，最后，还需要小组委员会、管理人员、手册、指导原则，甚至每年开设训练营学习如何将不值得做的事做得更好。有一天，某个富人过世后，还会留下一笔钱捐赠给大学教授，来做这个不值得做的事，其前景无限光明而且令人惊讶。你也许无选择的余地，因为你既无权也无势，如果你有选择的机会，运用尼尔·西蒙的试纸测验，问问自己："如果我将这个构想的潜能发展到极限，是不是真的值得呢？"答案如果是"不"的话，千万别去做。

要素第一，用颜色管理

很多人因为不知自己接下来该重点做些什么事，而浪费了大好光阴。这种情况，十分的多。

当我们面临选择花费时间的方式时，常常会出现这样一对矛盾：紧迫性和重要性。很少有人认识到紧迫性对我们的选择影响有多大。电话响了，孩子哭了，有人敲门，最后的期限到了。

"我现在就要。"

"我现在有麻烦，你能马上过来一下吗？"

"你约会迟到了。"

紧迫性在多大程度上左右我们的生活，我建议你用几分钟时间看看下面紧迫性指数所反映的紧急情况引发的态度和行为。你对下面陈述的反映所对应的指数，代表着你通过紧迫性模式对待生活的程度。在阅读每一个陈述时，请在最能反映你情况的数字上做记号。

紧迫指数测验

阅读下列陈述，将矩阵上最能反映你正常行为或态度的数字圈出来（0=从不，2=有时，4=总是）

1.我在压力下似乎做得最好。　　　　　　　　　0–1–2–3–4

2.我往往把没有时间自我反省归咎于外来事情紧迫。

　　　　　　　　　　　　　　　　　　　　　0–1–2–3–4

3.我常常对周围的人和事慢慢腾腾感到闹心。我讨厌排队等候。

　　　　　　　　　　　　　　　　　　　　　0–1–2–3–4

4.我对自己请假不上班感到内疚。　　　　　　　0–1–2–3–4

5.我似乎总在忙碌着。　　　　　　　　　　　　0–1–2–3–4

6.我常常发现自己把别人赶走后才能完成任务。　0–1–2–3–4

7.同办公室失去联系几分钟我就感到焦虑。　　　0–1–2–3–4

8.我做着一件事常常想着另一件事。　　　　　　0–1–2–3–4

9.我处理紧急情况的状态最佳。　　　　　　　　0–1–2–3–4

10.对我来说，风风火火的处理新的危机似乎比按部就班的取得长远效果更有成就感。　　　　　　　0–1–2–3–4

11.我经常放弃同生活中重要任务享受美好时光而去处理危机。

　　　　　　　　　　　　　　　　　　　　　0–1–2–3–4

12.我认为，如果我为了处理危机而让他们失望或将事情放任

自由，他们自然会理解的。   0–1–2–3–4

13.我靠处理紧迫事情来使自己的日子过得有意义和目标。

0–1–2–3–4

14.我经常边吃饭边工作。   0–1–2–3–4

15.我一直在想，有朝一日我可以干自己真正想干的事请。

0–1–2–3–4

16.每天下班时满满的发文篮让我感到自己很能干。

0–1–2–3–4

阅读紧迫指数后，计算出你的总分，用以下答案衡量一下自己：

0~25：紧迫思维定式低。

26~45：紧迫思维定式强烈。

46以上：嗜急成性。

如果你的回答得分大都很低，紧迫性在你的生活中或许不是一个重要因素。如果得分大都处于中等或比较高，紧迫性很可能是你基本的行为模式。如果你的得分总是很高，紧迫可能就不是你所认为的那样了，这可能实际上是嗜急成性。

一些人习惯于风风火火的处理危机，因为危机给人一种兴奋加精力旺盛的感觉。有时他让人兴奋不已。我们感到自己有用武之地了，有成就感，得到了认可。

我们从解决紧迫和重要的危机中得到了暂时的快感。然而如果事情不重要，其紧迫性就成为非常重要的因素。

问题是，对于很多人来说，紧迫性而非重要性成为他们生活的主导因素，他们只沉湎于应付紧迫的事情，却没有停下来问问自己所做的事情是否真的需要。这样只会使自己在偏离梦想的轨道上越走越远。

因此，最实用的时间控制技巧就是按照要素第一的原则，以事情的重要性程度为顺序安排时间，先做最重要而紧急的事情。

有没有一种方法能够清晰的表达出事情的重要性和紧迫性呢？有，用颜色！

日本明治大学教授齐腾霄，出版了许多学习日文与加强逻辑思考的书籍，在教职与笔耕兼顾的繁忙生活中，他以三色法管理资讯与形成。他的三种颜色分别是红、蓝、绿：红色代表最重要，蓝色表示次要，绿色表示自己的想法或是相互关系。他所使用的记事本左页是一星期的计划，右页为空白页。这样就可以将与谁谈话中获得什么经验与点子，直接以红绿蓝笔，以关键字写在右页，同时用方框圈起，找出彼此的关联性，同时立即与左页的行程对照，知道这个想法是从哪里听来的。

三色法活用到行程管理上，红色是最重要的待办事项，蓝色是不可忘记的次要待办事项，绿色是与自己有关的事情，例如兴趣或嗜好。齐藤孝指出，记事本上每天在红蓝的空隙之外，一定要有绿色的部分，因为这是留给自己的时间，如果发现绿色的比例太少，那就要注意是否工作过头了。如果你的工作很难划清公私界限的话，那就把绿色当作工作的延长线，这样或许也是一个确保兴趣发展的方法。

齐藤孝表示，三色法的记入方式也可以应用在日常生活上，例如，他看书也使用三色笔圈出最重要的重点，次要的重点与自己的想法或脉络关系。

又如他参加演讲或座谈会时，也不自觉会在脑中用单色笔区分什么是最重要的重点（红笔），什么是次要重点（蓝色），什么是相互之间的脉络关系与自己的想法（绿色）。也就是说，眼睛看到的，耳朵听到的，都能够用三色法立即辨别重要程度与脉络关系。

美国某企业CEO凯·柯波洛维兹也是运用颜色来做管理，她将文件归入6个色彩鲜明的档案中，公司内部的便条、外来的信件等，都各自放在同一个颜色的档案中。不同的机构有不同的颜色档案，他们都知道那些颜色所代表的优先顺序是什么。所以，如果她的时间不够，就直接找重要的资料的档案，就是那些"今天必看"的资料档案。

凯·柯波洛维兹所用的分类方法显示他们都有一个先后顺序

的系统，正如我们前面一再看到，建立优先顺序并遵循这些顺序是非常重要的。第一个塞在信箱或放在桌面上的信件杂志、便条的重要性并不相同，如果你全部一视同仁，就需要非常努力工作，但是如此一来，琐碎和重要的东西受到的注意力就变得一样了。

三项式的分类方式还说明了你做事情必须有一定的结构，你的工作不是随心所欲，随随便便或是听天由命。要从桌上拿起文件就立刻处理是一个很好的原则，你可以从中节省点点滴滴的时间，这是一种节约的方式。

我们大多数人都会注意到浪费很多时间的事情，也就是那些全使得我们一不小心就损失一大段时间的事情；然而，生命也会因为成千上万微不足道的事情而流逝。看一封信然后什么也不做就把它放回去，只会花几秒钟，最多大概是一分钟的时间，时间并不多。但是如果你一天重复10次，一年下来你就花了很多时间在翻动这些文件。

一个滴水而没被发现的水龙头会让你的水费大幅度增加，就好像水管破裂了一样，为什么？

因为你会紧急修理破裂的水管，但是漏水的水龙头则是一滴又一滴，一个小时又一个时的，一个月又一个月，一年又一年地浪费了资源，而你可能完全没有发现。

要素第一，用颜色管理

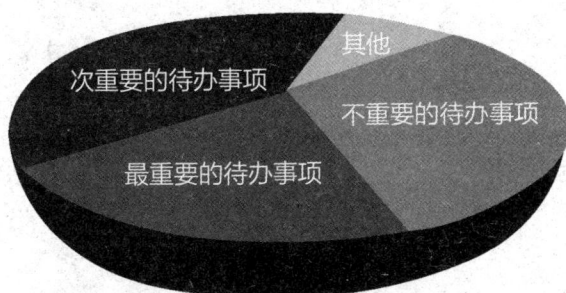

善用符号或图形

和田裕美曾在美商保险业服务，有世界第二名的保险业务员之称。她与众不同的记事本使用方法，是将一周的计划结束于周一，始于周二。事实上，保险人员要做到周末假日的拜访比平日多，才能接近成功。这也是她的业绩不同于别人的原因。

由于保险业的特性是，以一周的成交人数决定佣金。和田裕美在管理手下保险人员时，是以数字加上圈圈，记在公司的记事本上，掌握大家的成交件数，如果这位部署本周谈三件，其中一件成交，那就用一个红圈圈，另外两个用黑圈圈，这样就能一目了然本周的成交件数。如果此人连续数周长黑，那就要特别注意了。这种将量化的资讯以视觉联结的方式，可以说是记事本上运用简略符号的诀窍之一。

从科学的角度分析，人的大脑是由两部分组成的。左半脑负责逻辑、词汇、数字、顺序、分析，而右半脑负责空间意识、形态（整体概念）、节奏、想象、色彩。研究表明，普通人终其一生也才用了4%至6%的大脑潜能。

想想你是如何记事的？如果从头到尾只使用一种颜色的笔或只有纯粹的文字，那么在一整天的学习时间里，大脑的左半球负责识别词汇信息的脑细胞都在奋力地超负荷工作，而大脑右半球负责颜色和形态的脑细胞却一整天都在休息。结果，白白浪费了世界上最伟大的"超级计算机"的潜能。

相关资料表明，历史上很多"杰出的头脑"都是左右脑发展不平衡的。比如，爱因斯坦和其他一些伟大的科学家，他们的左半脑特别发达；而毕加索等伟大的艺术家则是右脑占主导地位。但是，达·芬奇在绘画、雕刻、解剖学、建筑学、机械学、物理学、天文学等方面都取得了非凡的成就。他证明了两半脑协同工作会做出更惊人的事情。

据介绍，思维导图的发明者东尼·博赞上学时曾努力地记笔记，却发现记得越多，脑子越乱。为了改善记忆，他开始用不同的颜色在笔记上做标记：画着重符号、圈或者框。果然，这个方法大大提高了学习效率。

东尼上大学后，对希腊有着极高的热情和好奇，东尼注意到善于思辨的希腊人的记忆体系：想象（IMAGINATION）和联想

（ASSOCIATION）。这给东尼很大启发。大部分人的笔记，都是最乏味单调的东西，跟想象和联想都沾不上边儿。但另一些学生的笔记却记得非常潦草，到处画满箭头，句子也不成行。但这些看来凌乱的笔记从信息角度讲却是整洁的，它们能及时地表明重要的概念及其之间的联系。而那些看起来整洁的笔记按照直线顺序组织材料，从信息角度讲，其实是杂乱的。在那些整洁的笔记中，关键信息是隐蔽的，并且混杂在一些不相干的词语中。

因此，我们如果能和谐而巧妙地运用各种符号、图形、颜色，将比单调的记录产生更大的效率。

一日之计在于夜

在每个夜晚，抽出一些时间，好好想想今天做了些什么，明天该做什么，并把它记录下来，那么第二天大清早，只要翻开记事本，就可以一目了然这一天应办理的重要事项（日程及今日工作要项）。这样，一天时间的运用就能更有效率。

早晚检视一下记事本所记载的内容，不仅仅是一个反省的过程，更重要的是它与白天时间的能否有效运用有着密切的关联。

每天晚上做好第二天的日程表，隔日清晨就可以立刻出发到公司，收集整理并检查一下当日会议及营业活动的必要资料，这样也可避免发生忘了带资料往赴会议的情形。而在营业过程当中，也不会发生因忘记东西而无法办事的现象。打电话给客户的最佳时间也不是早上，特别是与业务员联系，一定要在九点半以前。十点钟一过，要找到他们就不太容易了。

另外，就是可以有效利用自己的时间。在家里从容的看报时间、早上在办公室喝咖啡的时间，诸如此类等，一整天的行程安排，你都可以以一种从容悠哉的态度来面对一整天繁忙的工作。

对于现在有小孩的上班族来说，属于自己的时间就只有深夜至清晨的这段时光。早上6点多送孩子上学，晚上的时间又要陪孩子做功课，所有的时间几乎都耗在孩子的身上。因此，只有利用夜深人静的时候，对第二天所要做的事情先做一番考虑。并采取因应的方法。不过，当孩子比较小的时候，一般睡得很早，所以基本上从晚上九点开始到睡觉，就是属于个人的时间；而当小孩长到一定年龄，生活能够自理时，晚上就有更多的时间用来思考。

夜晚时间的使用方法，会因为一个人睡眠时间的不同而有所差异。

为了要利用早晨的时光，我们要先估算起床的时间。可是，先决条件是要有充分的睡眠，所以还得先算出就寝的时间。而下班回家之后到睡觉之前的这段时间，就是我们所要考虑的夜晚时光。在我来说，"夜晚时光"是为明天做计划的时间。

为了明天，大致有下列三项工作必须处理。

1.先将当日的一切做个简单的感性记录。

2.预定一些公与私的事项，将必要之事项记入记事本中。

3.为了明日的活动，今天要有充分的休息。

当然，每天的日子并不是一成不变的，有时候千头万绪而难以解决的事情也不少。

在遇上困难的时候，千万不要勉强自己，不妨将它留到明天继续努力，要知道凡事太过勉强反而会产生反效果。我也会为自己安排进修的时间；例如参加演讲及座谈会，参加一些不直接与业务员接触的活动，这对自己的工作也会有所助益。

与不同生活范围的人谈谈话，也是一种学习吧！

记事本其实就是剪贴簿

西村晃目前是经济评论家与专栏作家，出差频繁的他，一年
有200多天的夜晚是在外地旅馆度过的。他使用的记事本是A5固
定页式，左页为一星期的行程规划，右页为空白页。事实上，他
是一个标准的便条派，会选择A5尺寸的原因，是他发现在右页
空白页处，刚好可以贴两列便条。他将今天的待办事项一件写在
一张便条上，由上而下依重要顺序贴上。如果发现有最重要的事
情，就移到左页的行程表上，如此一来，就很清楚今天需要处理
哪些事情了。

其实，对于惯用便条的人来说，记事本是一本暂存记忆体。
使用便条最大的好处是，透过书写方式将一件件待办事项明确
化。如果发现这件事情可以交由其他人待办，就立刻撕下便条，
寻求他人协助。西村晃发现，这个做法让他减少七成工作量。

　　小小的便条运用在管理上，不仅能够将事情授权给其他人去办，为自己腾出更多的时间做对自己有益的事，同时还能达到激励他人，进而提高工作效率的作用。例如，GE前任CEO杰克·韦尔奇正是善用便条进行管理的典型代表。

　　在管理上，韦尔奇自有他独特的方法，最为著名的莫过于"聚会""突然视察""手写便条"了。韦尔奇懂得"突然"行动的价值。他每周都突然视察工厂和办公室，匆匆安排与比他低好几级的经理共进午餐，无数次向公司员工突然发出手写的整洁醒目的便条。所有这一切都让人们感受到他的领导并对公众的行为施加影响。

　　韦尔奇也十分重视企业领导人的表率作用，他总是不失时机地让人感觉到他的存在。他向从直接的汇报者到小时工等几乎所有的员工发出的手写便条具有很大的影响力，因为这些便条给人以亲切和自然感。韦尔奇的笔刚刚放下，他的便条便通过传真机直接发给他的员工了。两天之后，当事人就会收到他手写的原件。他手写的便条主要是为了鼓励和鞭策员工，还经常是为了促使和要求部下做什么事。

灵活地与其他工具并用

单凭一本记事本，是很难将它的作用发挥到最大功效的。若再能活用记事本，让它与办公室中各种现代化设备一并使用的话，其效果更是难以言喻。

复印机的方便之处，应该是最清楚不过的了。它可以将所需要的资料复印下来，再打个孔放入自己的记事本中，也可以复印后贴入记事本之中，而成为自己的资料库。

还有一种利用个人电脑为记事本服务的方法。每天晚上，你可以利用个人电脑，将隔日行程所需的资料，在事前全部输入电脑之中，每天早上便可将资料从电脑中打印出来，然后再贴到记事本上。

手记式记事本及电子记事本一定要配合使用，其效果才可能相辅相成。

此外，我还将介绍许多为记事本服务的辅助工具。

即使是价格高昂的个人电脑，都不是将记事本充实化的用品。但是价格中等随处可见的一些文具用品，却具有相当大的功能。

表格

一表在手，日程安排就能够一目了然，我们可以用电脑或者文字处理机设计出适合于自己使用的表格。

橡皮圈

在使用记事本的时候，常常在不知不觉间记入了太多的东西，而使整个记事本厚重不堪。这时候就可以用橡皮圈把记事本给捆起来。虽然不是很好看，但总比分散得乱七八糟要好吧！而且，它还可以充当书签呢！

回形针

把收据等单据摆在一处时，最常使用的工具就是回形针了。当然，回形针可以当作书签来使用。只要巧思一番，还可以当作索引使用呢！

卡片商品、迷你文具组合

现在的一些文具用品，真是既美观又实用，但这也是文具制造商多年来努力的成果。

卡片商品的特色，是它可以就原样的组合装入记事本之中，而迷你文具组合则带给人们周全的服务。一些惯于使用制式记事本的人，在他们的手提包中都会多准备一套迷你文具组合，如此一来再也不会有东找西找的尴尬场面了。

自粘便条纸

它不仅可以取代记录页，也可以取代书笺夹，可以说是用途极广的便笺，它的大小也有各种不同的尺寸。如果能有大小两种尺寸的话，对使用者而言将会更为方便。

公文包

记事本的携带性与公文包的存在之间，具有相当微妙的关系。我们会看到夹着一大本制式记事本的人，以及在公文包里塞着记事本及随身带的人，当然还有把记事本放在西装口袋里的人。

记事本安放的位置，也会因季节的不同而有所改变。冬天因为穿着夹克，所以可以放在上衣的内口袋中。但是夏天则只能放在外衣的外侧口袋。但是不论放在哪里，都必需注意一点，那就是取用方便的原则。

其他一些小东西，例如多功能组合刀具及透明胶等，这些都可以发挥极大的效用。

以多功能组合刀具而言，要切割东西非常方便。以手撕会弄得污损难看，但使用多功能组合刀具就可以又整齐又漂亮。当然，多功能组合刀具的最大功用在于扳去啤酒瓶盖啰！

总之，并不是要将所有用品、工具全带在身上，有些是可以与其他有此需要的人共同使用的。

好比说电脑，这就是个非常有用的工具。但是，对一个在外奔波的业务员而言，却不见得很方便。电脑是放置在办公室里的设备，所以只有当人员也在室内时，才可能让记事本和电脑连接起来。当然，也有人单靠一本记事本而游走天下的。

不论如何，只要确定目标在哪里，选择适合自己的工具，就可以了。

让记事本真正成为你的工具

要让记事本脱离装饰品的行列，有一个方法就是要多看多写。例如一天之中，有以下这些时间点可以看看你的记事本，套句广告业的话，就是要进行记事本的接触点分析（★表示至少一天要看三次的时间点）：

第一回：起床时（★）

依据今天的行程，判断衣服的选择。如果今天要见重要的客户或是发表会，别忘了穿上决胜套装，同时告诉家人今天回家的时间，与是否需要准备晚饭。目的是对于今天行程有整体印象，并加以准备。

第二回：在上下班路上

利用坐车的时候，再次确定今天的行程，大致推演一下今天整天的流程，目的是具体思考工作的顺序，与提升效率的方法。

第三回：坐定办公室

确定待办事项（TO DO LIST），同时决定优先顺序，如果有重要且紧急的工作插队，就要立即应变。目的是先想象没有紧急事项时，自己要如何处理一天的工作；此外，重要的工作放在午餐前较有效率。

第四回：午餐后（★）

确认今天下班后的行程，让期待下班的心情增进下午工作的效率，目的是转换心情。如果下班后没有安排，就想象自己想做的事情，也是一种暂时从工作中抽离的方法。

第五回：下午工作时

确定已经完成的工作，同时如果今天的预定工作没有进展，就要修正当天的行程，一方面让自己又完成工作的成就感，同时鞭策自己完成未结束的工作。

第六回：下班前

确认明天的工作以及记录今天工作的简短心得，目的是结束今天的工作，为明天的工作做好准备。

第七回：睡前（★）

提醒自己的梦想与设定的长期目标，目的是加深自己达成目标的决心。

不过，有的人说"一天之计在于晨"，有的人却表示"一日之计在于睡前十五分钟"，因为睡前十五分钟可以好好回想这一天功过与写日记，接下来的三分钟，他会将明天的行程先在脑中大致推演一次。这样隔天醒来时，几乎已经在脑中深植今天该做的事情。

另外，每一周的一开始，也要看一下整体行程，抓到一星期的繁忙波长。周一与周二通常会有较多的紧急状况，因此建议周一与周二不要安排拜访较好。每一个月也要审视自己的一个月计划，从长期的眼光看目前为止的实际。

第七章
工作记事本：工作质量是记出来的

当你面对繁多的工作理不出头绪时，用记事本做好工作日志就成了非常重要的东西。工作日志是帮助你快速处理事情的工具，运用得当能帮助你节省不少时间。每日做好工作日志，让自己的计划都能够顺利进行。要想掌控你的工作，就让工作日志来提高你的工作质量。

好记性不如烂笔头

一些人认为，工作只要用心就可以了，没必要记工作日志。这种观点是错误的。研究表明，对于同一项工作，写日志可以大大提高工作效率。

俗话说："好记性不如烂笔头。"记忆力再强，时间长了，要记的内容多了，总会遗忘一些。人们不可能总是记得自己需要做的事。完成了今天的事，忘记明天、后天的事是很容易的。人们倾向于为眼前的事情忙得焦头烂额，缺乏长远计划。许多事情也并不是一次性或一天就能搞定的，它也需要每天或每一阵子分配一定的时间来做。写工作日志，可以让你对工作做到心中有数，减少工作中的失误，能有效地帮助你掌控工作。

怎样才能写好工作日志呢？

做好准备工作。笔记本是必不可少的。最好给每一项工作准备一个单独的笔记本，不要在一个本里同时记几项工作的笔记，这样会很混乱。准备两种不同颜色的笔，以便通过颜色突出重点，区分不同的内容。

做好标记。可在每页日志的右侧划一竖线，留出1/3或1/4的空白，用于日后拾遗补缺，或写上自己的心得体会。

日志方式多种多样。有要点日志、提纲日志及图表日志等。

要点日志：不是将工作的所有内容都记录下来，而是抓取要点，对工作中的重要内容用关键词语加以概括。

提纲日志：用大小标题概括工作的内容，并用大小写数字按顺序分出不同的层次，在每一层次中记下工作要点和有关细节。条理清晰，使人一目了然。

图表日志：利用一些简单的图形和表格，把工作的主要内容绘成表格图，列表加以说明。图表比单纯的文字更加形象和概括。你可以制一个表格，把本月和下月需要优先做的事情记录下来。

及时检查日志：工作日志要经常检查，可从头至尾阅读一遍自己写的日志，既可以起到复习的作用，又可以检查笔记中的遗漏和错误，将遗漏之处补全。同时将自己对工作的理解，将自己的收获和感想，写在日志右侧的空白处。这样，使笔记变得更加完整、充实。

有很多人都会制定每一天的工作计划，但有多少人会把他们本月和下月需要做的事情进行一个更高水平的筹划呢？除非你从事的是一项交易工作，它的时间表上总是近期任务，你经常是在每个月末进行总结，而月初又开始重新安排筹划。对一个月的工作进行列表规划是时间管理中更高水平的方法。再次强调，你所列入这个表格的一定是你必须完成不可的工作。在每个月开始的时候，将上个月没有完成而这个月必须完成的工作添入表中。

我们要有条不紊地来做这些工作，记录工作日志就是一个很好的方式。

工作日志会让工作变得井井有条

某杂志刊载了这样一个故事：有一个老商人，他在一个小市镇里做了几年的地产生意，到后来竟然完全失败了。当债主跑来讨债时，他正在紧皱眉，思索他失败的原因。

"我为什么会失败呢？"他说，"我对顾客不是很客气吗？"

"你完全可以再从头干一下，"债主说，"你看你不是还有不少财产吗？"

"什么？从头开始？"

"是啊！你应该开出一张资产负债表来，好好地清算一下，然后从头做起。"

"你的意思是说我得把所有的资产和负债都详细清算一番，写成一张表格吗？我得把我的门面、地板、桌椅、茶几、书架都重新洗刷油漆一番，弄成新开张的样子吗？"

"是啊！"

"这些事我早在15年前就想动手去做了，但后来因为我沉溺在参观拳击竞赛中，至今还不曾动手。现在我知道我几年来失败到如此地步的原因了！"

尤其是在大都市里做生意，更要把一切事情、一切物品都弄得有条有理。美国信托行业公会的会长说："根据我几年来和一般大公司商号交往所得的经验，他们的老板随时都能获得有关公司营业的报告，能对整个公司的情形了如指掌，一定不会失败。"

无论你是在大都市还是在城镇里经营生意，你都应该把物资管理得清洁整齐，把账目记得清清楚楚——这是最重要的一件事。那些把什么事物都弄得乱七八糟的人，终有一天要跌倒的。

有不少商家，往往把货物堆积得七倒八歪，没有良好的管理。偶尔来个顾客要买某件物品时，店员就要翻来覆去地耽误半天功夫才能找到。

有许多青年也是一样，他们生来就有一种古怪脾气，任何事情都是随随便便搪塞一下了事，从不想应该怎样做得更好。他们脱下衣裳解下领带就随手东丢西抛。遇到他们不得不放下手中的事情，跑开一趟时，就不管事情已经做到哪里，立刻顺手抛开，等着回来后继续做下去。这种青年一旦踏入社会，干起事业来，一定把自己的四周弄成一团糟，对于任何事也一定抱着"搪塞主义"。

如果你多费一点时间和精力，把你的事情做出一种结果，把你的东西收拾放好；当你将来再继续下去时，要把东西找出来时，真不知要省去多少时间和精力，更不知要省掉多少无谓的纠纷与烦恼。

有些人常常对自己的失败想不出所以然来，其实他面前的那张写字台已经把其中的缘故老老实实地告诉他了：台面上东一堆乱纸，西一堆信札；抽屉里好像塞满了棉花一般；书架上报纸、文件、信纸、原稿、便条都杂七杂八地塞得水泄不通。

我们身边的一切用具和陈设都是揭发我们习气最忠实的证人。我们的行动、谈吐、态度、举止、眼睛、衣服、装饰等也都在老实而毫不客气地告发我们是一个怎样的人。它们把你自己莫名其妙失败的原因一五一十地说了出来，把你自己不知其所以然的穷困理由，原原本本地告诉了你。

做任何事情，万万不要做做停停，停了再做。往往有许多人，今天说得一篇大道理，明天就没有一点事了，也不见任何行动。他们不知道，任何事业绝非那样一吹法螺就可以成功，非聚精会神，有条不紊，持之以恒，不断努力不可！

用工作日志管理好你的时间

人们浪费时间的原因主要分成主观和客观两大类：其中主观原因有缺乏明确的目标，拖延，缺乏优先顺序，想做的事情太多，做事有头无尾，缺乏条理和整洁，不懂得授权，不会拒绝别人的请求，仓促决策，行动缓慢，懒惰和心态消极。客观原因有上级领导浪费时间（开会、电话、不懂授权等），工作系统浪费时间（访客、官样文章、员工离职等），生活条件浪费时间（通讯、环境、交通、朋友闲聊、家住郊区等）。

1.每天清晨把一天要做的事都列出清单

如果你不是按照做事顺序去做事情的话，那么你的时间管理也不会是有效率的。在每一天的早上或是前一天晚上，把一天要做的事情列一个清单出来。

这个清单包括公务和私事两类内容，把它们记录在纸上、工作簿上或是其他什么上面。在一天的工作过程中，要经常地进行查阅。

2.把接下来要完成的工作也同样记录在你的清单上

在完成了开始计划的工作后，把下面要做的事情记录在你的每日清单上面。

如果你的清单上内容已经满了，或是某项工作可以转天来做，那么你可以把它算作明天或后天的工作计划。你知道为什么有些人告诉你他们打算做一些事情但是没有完成的原因吗？这是因为他们没有把这些事情记录下来。

3.对当天没有完成的工作进行重新安排

现在你有了一个每日的工作计划，而且也加进了当天要完成的新的工作任务。那么，对一天下来那些没完成的工作项目又将做何处置呢？你可以选择将它们顺延至第二天，添加到你明天的工作安排清单中来。

但是，希望你不要成为一个做事拖拉的人，每天总会有干不完的事情，这样，每天的任务清单都会比前一天有所膨胀。如果的确事情重要，没问题，转天做完它。如果没有那么重要，你可以和与这件事有关的人讲清楚你没完成的原因。

4.记住应赴的约会

使用你的记事清单来帮你记住应赴的约会，这包括与同事和朋友的约会。工作忙碌的人们失约的次数比准时赴约的次数还多。如果你不能清楚地记得每件事都做了没有，那么一定要把它记下来，并借助时间管理方法保证它能够按时完成。如果你的确因为有事而不能赴约，可以提前打电话通知你的约会对象。

5.把未来某一时间要完成的工作记录下来

你的记事清单不可能帮助提醒你去完成在未来某一时间要完成的工作。比如，你告诉你的同事，在两个月内你将和他一起去完成某项工作。这时你就需要有一个办法记住这件事，并在未来的某个时间提醒你。其实为了保险起见，你可以使用多个提醒方法，一旦一个没起作用，另一个还会提醒你。

6.把做每件事所需要的文件材料放在一个固定的地方

随着时间的流逝，你可能会完成很多工作任务，这就要注意保持每件事的有序和完整。一般把与某一件事有关的所有东西放在一起，这样当需要时查找起来非常方便。当彻底完成了一项工作时，把这些东西集体转移到另一个地方。

7.清理你用不着的文件材料

把新用完的工作文件放在抽屉的最前端，当抽屉被装满的时候，清除在抽屉最后面的文件。换句话说，保持有一个抽屉的文件，总量不会超出这个范围。有的人会把所有的文件都保留着，这些没完没了的文件材料最后会成为无人问津的废纸，很多文件可能都不会再被人用到。我在这里所提到的文件材料并不包括你的工作手册或是必需的参考资料，而是那些用作积累的文件。

8.定期备份并清理计算机

对保存在计算机里的文件的处理方法也和上面所说的差不多。也许，你保存在计算机里的95%的文件打印稿可能还会在你的手里放三个月。定期地备份文件到光盘上，并马上删除机器中不再需要的文件。

每日都写工作日志

当你面对繁多的工作理不出头绪时，工作日志就成了非常重要的东西。每日写好工作日志，能帮助你更好地分配时间，完成自己的工作任务。

"工作日志"是你想记却又不愿长久记在脑海里的信息、文件和资料的存储器。

比如说，你决定在下周四下午去理发，不妨在"工作日志"的日期上做个记号。

或者，假如你每个月得缴纳1500元的汽车分期付款，不妨用付款单或其他东西来提醒自己，早做准备，一月接一月地缴纳。

假定你3号要参加某个会议，而你想带些重要资料去。把文件放进"5"号的纸夹里，并在上面注明会议的地点、时间、与会人员等。也许你偶尔会忘了开会或一时找不到资料，可是只要你记得每天早上查对你的"工作日志"，你将会记得这些东西的。

把这些文件放进你的档案里，并在放置的地方和你想要使用的时间处做个记号。

你可以在往后的时间里翻阅这些文件，然后，在每个月的1号打开当月的卷宗，按照预定的时间将文件放进去。

只要你早上花些功夫打开当天的卷宗，就可以找到你所要的东西。你会因为没有把事情忘了而心安，你可以把回想的功夫省下来，用在其他的事情上；在适当时候，你便知道你的约会、计划和文书工作，你也因用不着分心去做其他事，而变得相当有效率。我们确信"工作日志"这种方法，能让你花最少的时间和精力去增进工作效率。

如果你想开始读萧伯纳的作品，去看某部电影，或找位朋友到公园钓鱼，或者上一个烹饪班，你可以提前一两个月在"工作日志"里做个记号。在事情再度发生时，你会回想起以前的种种情况，想想自己以前是否做过，而现在是否还想再试试。不管怎样，你可以强烈地感觉到在这段时间里自己的变化，结果可能引导你走向新的目标与方向。

工作日志是帮助你快速处理事情的工具，运用得当能帮助你节省不少时间。每日写好工作日志，让自己的计划都能够顺利进行。

第八章
作息记事本：越高效的人，越懂得休息

"一张一弛，乃文武之道"，机器运转久了需要冷却，汽车行驶多了需要加油，绷紧的弦太久了就会断，不懂得休息的人身体会跨。

把自己该工作的时间好好工作，该休息的时间就不要再想着工作了，提高自己的效率，在该完成的时间完成，不要拖拖拉拉。

劳逸结合才是正确的方法。

精疲力乏干10小时，不如精神饱满地干5小时

人在疲劳的时候只想休息，如果继续工作的话，效率很难保证。在一些危险行业，疲劳操作容易引起人身安全问题，新闻里常常说司机疲劳驾驶，最后车毁人亡。一些操作机器的员工，经常加班加点，生产出来的产品不合格不说，一不小心就会出事故。

从医学上来说，人在长期的疲劳工作状态中也容易产生心理的疲劳，继而产生很多的病变。虽然不至于致命，但是长期这样对人的身体很不好，渐渐就会产生很多的身体上的毛病了，心理的压力也会增大，会导致烦躁，生活将得不到和谐的发展。

医学专家指出：除了超劳累等因素导致的疲劳之外，经常性的莫名出现的疲劳可能是疾病的警告信号。而这时如不加以重视，听之任之，那么，疲劳感觉就会进一步加重，就有可能引发各种功能性、退行性疾病。譬如被称为"人体化工厂"的肝脏，

由于新陈代谢减衰造成机能下降时，即会发出"疲劳"信号；再如糖尿病，由于新陈代谢及免疫失调，胰腺器官细胞受损致使分泌胰岛素的能力不足，并引起全身性代谢紊乱综合症时，患者也时有昏昏欲睡之感。显然，"疲劳"信号应引起人们的警惕。

所以，从这个意义上来说，其实加班不好，疲劳操作没有什么意义，与其一直没有效率地做事，还不如在疲劳时先休息，等精神饱满了再接着做。据我自己的经验，在我工作了一天之后，如果还要接着做事，我可能一个晚上也做不出来的东西，等休息好了，两个小时就可以搞定。一般来说，效率至少能提高一倍。

我们一直都在提到效率这个问题，管理时间的一大方法就是提高做事的效率。把总的时间算起来，劳逸结合了，精神饱满地干几个小时得到的效果比连续疲劳操作的效果要好，效率低的情况下工作不仅耽误时间，还会给人带来疲倦感，而这种疲倦感可能会持续一段时间，还会影响到之后的工作。在激烈的市场竞争条件下，工作效率的高低已成为影响企业成败的关键因素。

小李接到一个新任务，要在一周内拿出一个方案来，但是现在他还有另外的工作，这些工作也不能落下。于是她白天忙着做自己事情，晚上回到家，吃个饭继续加班设计方案，没有一点休息时间。连续两天之后，他白天上班的时候老是要打瞌睡，上班的时候老是出错，有一次因为把数字抄错了，还挨了一顿训，弄得满肚子委屈。家人也说她太不要命了，家里的事情都不管。

几天之后，方案倒是拿出来了，可是主管一看，不满意，开始的计划还可以，后来的越来越不像话，新来的都比她做得好。

她自己真是满心的委屈啊，睡没睡好，上班的时候要做的事情也没有做好，方案还受到否定，真不知道自己怎么出了问题。

工作中只有保持了工作效率才能够增强生产力，我们前面说过工作不要时断时续，其实和这个是不矛盾的，我们要把自己精力旺盛的时刻都用来好好工作，把自己没有效率的时间都拿来休息，给自己的身体补充营养以便能更好地使用。

想要保持效率，就要很好地休息，不要这样超强度地工作。机器转的太久也要冷却一下，否则机器可能就要因为工作太久而报废，即使不报废，这样疲劳使用，它的寿命也会减短。人也是一样的，休息好，保持好你的精力，让人都看见你精力旺盛的时候。

当然，在工作的时候，要保持着良好的状态，还有很多要注意的，例如，我们要全心投入工作、工作步调快、专注于高附加值的工作、熟练工作、集中处理、简化工作、比别人工作时间长一些等等，坚持这些方法，让你的5个小时能够创造别人10个小时都拿不出的成就，更何况是疲劳的10个小时呢。

记住：疲劳了就要注意休息，不要死命撑着工作，没有效率还会耽误别人的时间。

掌握随时随地放松的要领

疲劳是现代人的通病，高强度的工作很容易就让人陷入疲劳的状态，紧张的工作，快速的运转，一不小心就累了。这个时候，我们说过，不要强迫自己继续工作，但是我们不可能工作的时候觉得累了跑回家去休息休息，这个时候，我们要的就是随时随地的放松，不能总保持紧张的状态。

随时随地学会放松，学会自我减压，对于在大城市生活的人来说，尤其重要，因为节奏快，压力大。

有个祖籍就是上海的老师说过，很多人抱怨上海人冷漠，不愿多讲话，其实主要还是工作压力大造成的，你想每个人出去上班就是一整天，路上就要几个小时，晚上回家可能就七八点了，还要做饭什么的，累得连话都不想说，更不用说串门了。这都是压力使然。想想也是。这种状态是那些在中小城市悠闲地生活的人所不能体会的，所以在老家常看到有些人下班喝点小酒打点牌逛逛街，但在上海就成了奢侈的事情，甚至连同学聚会也经常是匆匆的，因为聚会成本太高了，首当其冲地就是时间和路程。

看来疲劳的后果是很麻烦的，学会怎么去随时随地放松是很重要的。

我们每个人都会有不自觉放松的天性，但是有时候是被高强度的工作所逼，怕自己落下，因此神经一直都是紧绷着的。其实没有这个必要的，这样只会更累，注意一些放松的方法，下意识地让自己在累的时候放松自己。

我们放松的方法有很多的，在这里简单地介绍一些很有用的方法，让自己随时随地都可以采用：

打盹：学会在家中、办公室，甚至汽车上，一切场合都可借机打盹，只需10分钟，就会使你精神振奋。

想像：借由想像你所喜爱的地方，如大海、高山等，放松大脑；把思绪集中在想像物的"看、闻、听"上，并渐渐入境，由此达到精神放松的目的。

腹部呼吸：平躺在地板上，面朝上，身体自然放松，紧闭双目。呼气，把肺部的气全部呼出，腹部鼓出，然后紧缩腹部，吸气，最后放松，使腹部恢复原状。正常呼吸数分钟后，再重复此一过程。

伸展运动：伸展运动可以使全身肌肉得到放松，对消除紧张十分有益。

放松反应：舒适地坐在一安静的地方，紧闭双目，放松肌肉，默默地进行一呼一吸，以深呼吸为主。

头部：抬起头来走路，"高瞻远瞩"，不要"埋头苦干"。放松口唇，不要紧闭。看东西时要有目的、有计划、有顺序，不要向前瞪大眼睛。多眨眼，这样可以润滑眼球，有利于眼球内的血液循环，防止注视引起的紧张。

颈部：揉捏自己后颈部的肌肉，按摩颈椎骨。小转头，吸气时把下巴向左上方或右上方抬几次，然后把下巴尽量向后拉，保持这个姿势向左右看。大转头，垂头，下巴接近胸部，由右向后向左向前转圈，头在正前和正后方时略停一下，头由前转向后时吸气，由后转向前时呼气。

深呼吸：什么也不想。经常按摩玩弄自己的手，先放松大拇指的根部与手腕的连接处，按摩手的各关节，摇动全手。做"飞"的动作：吸气时左右两臂平举，手心向下，好像鸟展翅，两脚略分开，轻松随便地站立，双臂不用力，随胸肋而上举和自由放松地落下来。不要养成双臂在胸前交叉的习惯。

眺望远方法：高强度的工作会使你压力重重，完不成任务的紧张心理使你烦躁不安，这时你只需要离开你的办公室，来到窗口，凭窗远眺，远方的美景会使你心旷神怡，飞翔的小鸟会勾起你对未来的美好憧憬。

　　眼睛累了也可以做一下眼保健操，多看看绿色，一般来说，用电脑一个小时就应该站起来稍微运动一下。

　　总之，放松的方法是多种多样的，找一个或者多个你可以采用的方法，随时放松精神和身体。

晚饭前休息1小时，会给你每天增加1小时

卡耐基说："如果你无法保证午睡，晚饭前躺下休息1小时是你必须要做的事。这远没有一杯饭前酒昂贵，而且算起总账来，比喝一杯酒还要有效5000倍。如果你能在下午5点、6点或者7点左右睡上1个小时，你就可以在你生活中每天增加1小时的清醒时间。因为晚饭前睡的那1个小时，加上夜里所睡的6个小时，一共是7个小时。这要比你连续睡上8个小时更有助于恢复体力，消除疲劳。"

邱吉尔中午会午睡，晚饭前也会休息并且晚饭后一直在床上工作。这样的习惯令他每天工作16小时以上。尽量在中午找地方小息一下，晚上回到家中也可以在晚饭前休息一小会，这样可以令你一直工作到深夜。

当然，我们不用像丘吉尔一样工作那么久，我们也没有丘吉

尔那样的精神，但是丘吉尔也是正常人，为什么他就有那么多的精神来做事情呢？那就是因为他会休息，会安排自己的休息时间。

下午是一个很容易疲劳的时段，如果时间过长，工作质量和效果都会受到一定的影响。以2~3小时为宜，但是我们上班的时间却不受自己的控制，再加上我们下班后挤公交车或者是自己开车的劳累。这些因素造成了下班后马上吃饭是不合适的。

在吃晚饭前的这段时间，是最适合休息的时间，因为此时注意力不容易集中，还很疲劳，可以散步、去超市购买简单的生活用品。但千万不能从事紧张的脑力劳动，打斗游戏或刺激的电视片都不要涉及，反而幽默片、相声小品等很适合在这个时间看看听听。

如果有兴致，最好可以自己做，享受一下买菜、择菜、做饭的过程，这也不失为一种很好的转移注意力的放松方法；或是干脆放下所有的一切，静静地坐一会儿，欣赏那些舒缓的音乐，读一本有趣的书，为自己彻底地换换脑。这都是很好的休息方法，坚持下去，尽量养成这样的习惯，因为这种习惯更能使您得到充分的休息，提高第二天的工作效率。

在一天24小时的工作和生活中，要尽量多地"插花"休息，比如午休，比如晚饭前小憩，比如工作时段之间的活动和休息。

其实更多的休息绝不是浪费生命和时间，因为我们身体内的每一个细胞都需要休息、保养、呵护、滋润。让细胞们饱满圆实、充满活力，而不是干瘪、粗涩、扭曲、变形，我们就能健康愉悦。癌症是什么？癌症就是细胞的变异，所以，请爱护每一个细胞吧。

从事体力劳动的人，休息时间多一些，每天就可以做更多的工作，贝德汉钢铁公司佛德瑞克·泰勒工程师对产生疲劳的因素，做了一次科学性的研究，认为工人不应该每天只能往货车上装125吨的生铁，应该装147吨，而且不会疲劳。

为了证明这一点，泰勒选施密德先生来做试验，让他按照马表的规定时间来工作——有一个人站在一边拿着一只马表来指挥施密德："现在拿起一块生铁，走……现在坐下来休息……现在走……现在休息。"

结果怎样呢？

别的人每天只能装125吨生铁，施密德却能装147吨，而且在3年里，施密德的工作能力从来没有降低过。他之所以能够如此，是因为他在疲劳之前就得到了休息：每个小时他大约工作26分钟，休息34分钟，休息的时间比工作时间还多，工作成绩却差不多是其他人的4倍。

而人每天在晚饭前都是最累的，再继续下去就很疲劳了，休息一个小时可以让你身心愉悦，清爽不已。只有爱护自己的人才有足够的休息时间，才有更多的时间用来工作，效率也才能提高。

　　每天晚饭前休息一个小时，给自己的每天增加一个小时，让你精神充沛，每天都有很好的精神来应付繁重的工作，而不至于休息不好而效率低下。

　　所以，不妨换一种生活方式，学一下丘吉尔的样子，回家之后不要急着吃饭，先松懈一下自己的神经，休息好了食欲才能更旺盛。第二天的效率就能更高。

不要失眠要睡眠：睡眠既要充分又要科学

人的一生中有三分之一的时间是在睡眠中度过的，5天连续不睡眠人就会死去。睡眠作为生命所必须的生理需求，作为生命所必须的过程，是机体复原、整合和巩固记忆的重要环节，是健康不可缺少的组成部分。专家认为充足睡眠，均衡的饮食和适当的运动是健康生活的三个鼎足。

战国时名医文挚对齐威王说："我的养生之道把睡眠放在头等位置，人和动物只有睡眠才能生长，睡眠帮助脾胃消化食物。所以睡眠是养生的第一大补，人一个晚上不睡觉，其损失一百天也难以恢复。"

清代医家李渔曾指出："养生之诀，当以睡眠居先。睡能还精，睡能养气，睡能健脾益胃，睡能坚骨强筋。"

老百姓常讲："药补不如食补，食补不如觉补。"人要顺应自然的规律，跟着太阳走，即天醒我醒，天睡我睡，养成早睡早起的生活习惯，不要跟太阳对着干。

大量的的医学研究表明：如果睡眠时间不足或者质量不高，就会引起烦躁不安，情绪不稳，注意力不集中，严重的甚至会造成精神错乱。由此可见，我们每天1/3时间睡眠的好坏，将直接影响到另外2/3时间内的工作和学习，因此，在我们一生中，1/3时间在睡眠，2/3的时间靠睡眠。当您的睡眠出现问题时，健康生活失去平衡，我们的健康就会不断地被透支。因此能否获得优质的睡眠对于维持人体健康起到举足轻重的作用，科学的睡眠能够储蓄您的健康。

但是现代人似乎在睡眠上的问题越来越多，睡眠的质量越来越差，失眠、缺觉、多梦、半夜醒来等等。这些问题让人精神不振，内心压抑，工作没有质量。本来很正常的生理需求，到了现代社会却越来越多的问题出现，所以充足而科学的睡眠是一个值得研究的问题。

那究竟怎么才能保证我们充足的睡眠呢，这里有一些小的建议：

1.保持乐观、知足长乐的良好心态。对社会竞争、个人得失等有充分的认识，避免因挫折致心理失衡。

2.建立有规律的一日生活制度，保持人的正常睡—醒节律。

3.创造有利于入睡的条件反射机制。如睡前半小时洗热水澡、泡脚、喝杯牛奶等，只要长期坚持，就会建立起"入睡条件反射"。

4.白天适度的体育锻炼，有助于晚上的入睡。

5.养成良好的睡眠卫生习惯，如保持卧室清洁、安静、远离噪音、避开光线刺激等；避免睡觉前喝茶、饮酒等。

6.自我调节、自我暗示。可玩一些放松的活动，也可反复计数等，有时稍一放松，反而能加快入睡。

7.入睡前不要吃得过饱，不要吃过多的辛辣、刺激性的食物，晚上不要喝茶、咖啡等兴奋剂。

这些方法都是可以借鉴的，但只是一个参考标准，选择性地实施，调整自己的睡眠，你就可以做到像正常人一样入睡。

小王从大学毕业开始，睡眠一直不好，主要表现为12点前难于入睡，及不管多晚睡觉，哪怕凌晨2点，早上6点左右都会醒，好象每天都要赶早班火车这样第二天从中午开始就犯困，持续到傍晚，严重影响健康和工作学习。

近一个月，为了迎接英语学习的挑战，小王采取三条措施：

1.更换成金丝绒窗帘，有效遮挡室外光线。

2.按摩，请了个台湾的老中医进行整体疗法的按摩。

3.慢跑，一周三次每次半小时。

现在每天晚12点前基本能睡着，早8点前肯定不会醒。

小王都可以慢慢地改过来自己的睡眠不足的毛病，相信你也可以。

失眠是相当让人郁闷的事情，劳累了一天，觉得整个身体都需要彻底休息的时候却发现自己怎么也睡不着，所以应通过各方面的生活调节来养成良好的睡眠习惯，学会控制睡眠。有规律的生活节奏有助于快速入睡。

正确对待熬夜：一不能太晚，二要迅速补回

打着哈欠，灌着咖啡，撑着酸涩的双眼，静谧的夜里好像只听得到自己的呼吸声。不论是准备开会资料、赶写报告、或是苦读隔天要见面的客户资料，谈起熬夜经验，许多人都只能叹口气，有种"又能如何"的无奈。

熬夜打乱了生理时钟，身体的器官与机能也跟着乱了脚步。该睡时不睡，副交感神经无法发挥让身体平稳、修复的作用。台北医学大学附设医院睡眠生理实验室主任康峻宏指出，交感神经相对活化，是心血管疾病的危险因子。例如时下的"过劳死"、或前段时间某台湾工程师因熬夜而眼睛中风，都是同样的道理。

而本应该在白天因压力而分泌的皮质醇，在晚上也因为醒着而分泌，造成情绪不稳；更使得免疫功能出现压抑发炎反应，以致身体无法对抗外来的病菌。

　　ACCA特许公认会计师公会在上海组织了一个模拟求职训练营，吸引了500多位复旦、交大、同济、上外、财大的应届毕业生，期间测试了大学生就业前的各项能力，其中时间观念是重要的一项。这道时间管理的测试题是：如果你是一个从事农产品贸易公司的中层管理者，早晨8：30上班，中午休息1小时，下午5：30下班，今天需要处理7件事情：第一，处理当天紧急事宜，需要1小时；第二，有谣传公司的产品有质量问题，处理投诉需要2个小时；第三，和公司总监沟通需要4个小时；第四，和总经理一起吃工作餐需要1个小时；第五，编写下一年度的预算报告需要2~3天时间；第六，处理前一天未处理完毕的事宜需要1个小时；第七，下午开会的材料还没有准备好需要30分钟。你是如何安排自己一天的工作流程？

　　测试结果显示，九成大学生将一天的工作流程安排到深夜12点，尽管如此，他们还没有处理完一些重要的事情。

　　从事培训20多年的美国培训师介绍，测试结果说明学生不会分辨事情的重要性，持续工作到深夜12点也没有处理好一些重要的事情，工作效率低下。长期熬夜不仅不利于健康，也会导致人精神涣散，影响工作效率。

　　其实，不仅使这些还没有出学校大门的学生，即使你工作了很多年的人也避免不了要熬夜，睡一个好觉，做一个好梦，这是很多人的心愿，而且对身体有非常大的好处。但是，现在社会由于工作压力的增大，以及各种其他原因，很多人却不得不每天熬夜，于是熬白了头发，熬走了健康。

对这些必须熬夜的事来说，最好的保护措施自然是"把失去的睡眠补回来"，因此有两点建议：一不能太晚，二要迅速补回。

针对第一个建议，就是大家要很好地安排自己的时间，就像上面这个测试里面的事务安排，其实这些事情是无法在24小时内完成的，因此需要根据事情重要性的大小进行取舍，对一些有关联的事情可以合并起来处理。比如说，第一、第二件事情很重要，最好尽快完成；第二和第三件事情可以合并处理，这样还可以节省1小时，工作效率也提高了；第五件事情需要化整为零，每天做一些就可以了，这样就不需要熬夜工作了，或者熬夜的时间就会减少一些了。在凌晨4、5点钟是人特别想睡的时候，那时候效率也特别低下，熬了一整夜，你也感到很累，所以睡觉时会睡得特别香、特别沉，你会休息得特别好。

第二个就是熬夜完了一定要迅速地补回来，才能不影响你身体的机能，给自己一个健康。

睡前需护理，熬夜过后倒头就睡是最不好的习惯。这时应先服用含天然膳食纤维的保健品（如罗汉果甜素、低聚糖等），既能润燥又有助于睡眠。

　　加班后即使再晚，也应当留出一点时间清理卫生，不要回到宿舍倒头便睡，最好能用热水烫一烫脚，让紧绷的神经得到放松。

　　整体说来，熬夜的保健仍取决于日常饮食。熬夜的人多半是做文字工作或经常操作电脑的人，在昏黄灯光下苦战一夜容易使眼肌疲劳、视力下降。维生素A及维生素B对预防视力减弱有一定效果，维生素A可调节视网膜感光物质——视紫的合成，能提高熬夜工作者对昏暗光线的适应力，防止视觉疲劳。所以要多吃胡萝卜、韭菜、鳗鱼等富含维生素A的食物，以及富含维生素B的瘦肉、鱼肉、猪肝等动物性食品。此外，还应适当补充热量，吃一些水果、蔬菜及蛋白质食品如肉、蛋等来补充体力消耗，但千万不要大鱼大肉地猛吃。花生米、杏仁、腰果、胡桃等干果类食品，它们含有丰富的蛋白质、维生素B、维生素E、钙和铁等矿物质以及植物油，而胆固醇的含量很低，对恢复体能有特殊的功效。

　　还有就是最重要的，一定要抓紧时间把失去的睡眠补充回来，抓住一些小的机会打一个盹也好，最好是做完工作能够好好睡一觉。

　　人的精力都是有限的，不要长期的熬夜，要学会善待自己。即使熬夜了，也要科学地给自己采取一些措施补救回来。

"一天忙到晚，周末连轴转"不值得提倡

2005年6月刚结束一营培训，小李就来到一家公司的国内市场部，在导师的指导下负责招聘调配工作。通信专业出身的她，刚走上工作岗位，还没来得及深化人力资源相关知识，就开始了"连轴转"的生活——工作日处理日常工作，周末出差各大城市组织和参加招聘会，经常是连着几个月没一个休息日。

想想也是这样，人为什么要工作？还不是为了能够更好的生活，如果你的工作让你的生活上已经失去了和谐，身体已经不行了，那你工作的代价可就太大了。

身体才是一切，只有身体好了人才可能有精力去做别的事情，但是现在的社会像童先生一样的人物多的是，特别是一些年轻人。本来年纪轻轻的，因为长期的连轴转，整个人看起来疲惫不堪，完全没有年轻的朝气与活力。

很多上班族劳累了一天，回到家什么都不想干，什么都不想吃，只有一个字"累"。市场如同战场，白领生活长达30年以上，如同持久战，没有健壮的体魄，是很难胜任日后的战斗的。充足的睡眠、均衡的营养、适当的锻炼、丰富的业余生活、良好的人际关系、乐观的心态是职业人士最好的保健品。

今年30出头的童先生是南京一家大型民营企业的销售经理。从2004年进入公司后，他就当上了一周出差6天的"空中飞人"。由于负责的是华北片区，童先生的客户基本上都在外地。每周一，童先生就从南京出发，直到周六才能回来。一个星期里，每天跑一个城市，解决问题、联络感情、投标开会，人就像陀螺，整天连轴转。好不容易到了周末，刚下飞机，老板的电话又来了：来了几个华北的客户，你晚上去陪一陪，明天再带他们逛逛总统府、中山陵，尝尝南京小吃。难得的休息天，又泡汤了。早几年，因为常年出差，童先生根本没时间谈恋爱，眼看着过了30，父母心里着急，赶紧催他相了几次亲，可每任女朋友都只谈了一两个月就跟他"拜拜"了。人家笑他是7×24小时全年无休的人肉机器。

虽然事业处于上升期，但童先生感觉身心非常疲惫，辞职的决心非常强烈。上个星期领导找他谈话，希望明年提拔他为区域销售总监，手下再增加十几号人，年薪和年终奖也比今年上涨

50%。可算算自己付出的巨大牺牲，童先生对加薪提职的兴趣并不大。他的愿望是第二年去找一份新的工作，即使薪水没有这么高也无所谓，要的是能够有合理的休息时间，再继续这么高强度的生活，自己肯定会垮掉。

伟大无产阶级革命导师列宁同志说过：不会休息的人就不会工作。确实是这样，休息不是浪费，而是精力的修补。休息是人类赖以生存的必要条件，也是人类正常工作、学习和生活的保证。

在生活中，我们更应该学会"积极休息"，给自己一个享受生活的时候，也给自己的身体一个加油的机会。累垮了的工作对我们来说有什么意义呢，保养好了自己还可以给工作的时间一个更长的期限，给自己的生活一个和谐的音符。

我们现在都在讲究着可持续的发展道路与和谐社会的发展，这样的方法和结果才是有价值，有前途的，一时的牺牲换来的眼前利益是不行的。对待个人的身体也是如此，健康是自己的，自己把握才是最重要的。

不要无效地坚持"下班晚走"

大家或许都有过这样的经历，特别是在写字楼上班的朋友
们，下班时间到了，都不会马上就走，为啥，担心部门经理看
见，或者怕老板看见，怕他们说"上班不积极，下班倒积极"对
自己印象和影响不好之类的，一般都要等几分钟才会走。

记得看见一个人也问过说："下班时间到了，手头上的事已
经做完了。但主任还在忙，每次我都想走，却不知道怎么开口。
担心主任说你怕吃苦！一个办公室的同事，大家都不敢走，好像
已经成潜规则了。可是坐在那儿实在有没有什么事情可以做，于
是就在那儿空耗着时间，着急地等待着主任做完自己的事情。难
道只有下班晚走，才是敬业吗？只有超时工作才是具有责任心
吗？"她自己也很苦恼。

曾经在一个人换了工作之后，在他的谈话中也听他说到：

"记得在原来公司的时候，去的第一天，我六点准时下班了，当时第二天，领导就问我为什么那么早走？在公司都学完该了解的东西了么？第二天，我开始观察大家什么时候下班，一看，晕了，都8点以后才离开公司，而且晚上有时间就召开产品卖点讨论会，有时候下班要11点多了。逐渐的我从不习惯到了习惯，包括自己在外地工作的日子，也要求销售人员每天晚上进行理单工作到七八点，当然我本身是不太想占用别人的下班时间来进行整体总结工作的，有时候总是心里不忍。

现在到了新公司，这边晚上5：30就能下班了，基本6：30的时候公司就不会有几个人了，留下的基本都是需要处理文档工作加班的同事了，而我呢，现在不习惯早走了，每天都晚上7点才离开公司，和圈里的朋友沟通沟通市场，和老的代理商们聊聊我们的产品，感觉很多公司的高层就晚上有时间能沟通，今天上司过来很奇怪的问我，怎么还不回家？

其实新公司这方面做的挺好的，平常很少有人需要加班，工作白天非常饱和，而且团队精神挺强的，销售业绩也不错，有更好的休息和丰富的业余生活，才能更加全身心的投入工作。不过我还真不太习惯了。"

像这样的下班晚走现象在职场是很常见的，原因很多，可能是工作没有做完，也可能是为了加班给上司看，还有可能是为了多挣一些加班费。总结起来，大概有以下的几种情况：

　　1.老板喜欢加班，大家理所当然地要跟着一起，要不然就会被看做工作不积极；

　　2.很多白领觉得回家也很无聊，不如在办公室一起逗留；

　　3.事情做不完，必须得抓紧时间作完才能下班；

　　4.装样子给老板看，让老板觉得自己很积极；

　　5.挣一些加班费。

　　其实，我们从上面这些理由可以看得出来，加班的理由并不是每一个都那么充分，完全有能力可以避免下班晚走的，但是现在这个通病却严重地存在着。下班了就应该准时走，每个人的生活都不是只有工作来构成，要会安排自己的其他时间。

　　南京晨报上就报道过说，丹凤街附近的一家外贸公司的经理就表示，公司并不欢迎下班后无所事事地耗在办公室，这不仅对工作的完成没有任何帮助，反而是对公司资源的一种浪费。而迈皋桥附近的一家生产电子产品的公司则明确规定，下班后逗留在办公室一定时间需要跟值班领导请假，无正当理由不予批准。

　　不过像这样的公司恐怕不多，想要下班以后准时回家，主要还是得看你自己，提高白天做事的效率，准时完成自己的事情，给自己一个准时下班的理由。重新评价一下你的生活，看看加班是不是让你的生活失去了更多？

不要因为工作而牺牲掉自己的全部业余爱好

当我问一些朋友："你们的业余爱好是什么啊？"没想到朋友的表情很惊奇，我不觉得这个问题有什么不妥，但是他们像看外星人一样看着我，慢慢想了半天说："以前好像有过吧，现在都快忘记了，而且，哪里有时间去发展自己的爱好啊，工作都忙不完！"

你是不是也是这样的人呢，想一下，除了工作之外你还有没有什么业余爱好呢？也许你曾经在篮球场上挥洒英姿，也许你曾经喜欢静静地读着莎士比亚，但是现在呢，有多久没做过这些了？

现在是不是只能幻想着过去的生活呢，过去的爱好因为没有时间早不知道丢在哪里去了，篮球都蒙上了一层灰，书籍也堆在那里没有动过。

一名培训学校的老师，拥有一份很好的工作，但是一年后辞职了，他说：他自己现在无事一身轻，果然一点也不错。想想自己，在这里近乎一年，日夜兼程抱着那一大堆的文稿忙得不可开交。业余爱好牺牲了不说，朋友聚会无缘也不说，可最终得到了什么？答案是：什么也没有。每当完成一个礼拜的任务，自己就好象散了一样。想起常常熬夜伏案的背影，心里很不是滋味，然后一个响亮的声音在心底响起：我再也不干了！

现在终于可以不干了，以后再也不这样生活了，以前的生活总是轻松愉快的，要重新拾起自己的爱好，没有爱好的人就失去了自我，和大家都没有两样了。

而著名的梨园大事张建国在和网友聊天的时候有过这样的情况。

网友：请你谈一谈你的业余爱好？

张建国：我的业余爱好应该是很多，但因为没有时间，一是团里的工作比较忙，团里的演出都靠我来出去联系，我还要演戏，我还需要和琴师每天调嗓子，还要演出，所以个人业余爱好的时间牺牲了，没有什么业余爱好，回到家里非常的劳累，躺在沙发上就能睡着了，所以没有业余爱好了。

从一般的人到企业家等等都是这样，真正还能拥有自己的爱好的人恐怕已经不多了，一个个都成了"工作狂"，完全放弃了自己的业余时间，全身心地一天24小时只有工作。

科学家研究发现，工作狂和酗酒一样，其实是病，现在很多人遭受这种病的困扰。如果从工作狂为生计而工作的观点看，他们这种疯狂的工作状态是可以理解的，但这种工作状态对心理、生理都没有好处，对家庭生活也没有好处。如果一人知道自己是工作狂，并且很清楚自己是在通过工作逃避生活的烦恼，那么工作狂是可以治愈的。用工作方式逃避生活的烦恼，不但不能解决问题，而且还会使病情进一步恶化，所以这种方法不可取。考核显示，尽管工作狂的工作量要比工作爱好者大得多，但工作效率和工作质量都明显不如后者。

居里夫人那么忙的生活，她都坚持自己的象棋爱好而不变；

马克思喜欢逛书店、学外语、和孩子们游戏；

列宁坚持下棋、郊游；

毛泽东：游泳、写诗词、读书；

瞿秋白：练书法、金石雕刻；

鲁迅：赏花；

陈毅：下棋、写诗；

邓小平：打桥牌；

夏衍：集邮；

华罗庚：写诗填词；

廖承志：绘画；

钱三强：古典文学、唱歌、绘画、打乒乓球。

相信这些名人每天的事情应该比你我要多吧，但是他们都有那么多的时间去发展自己的爱好，其实每个人的爱好不是对时间的浪费，而是一种陶冶情操的事情，同时也是一种休息，所以，这也是"劳逸结合"的一种好做法。

不要做"工作狂"，给自己一个放松的机会，找回自我，找回自己的业余爱好。

第九章
家庭记事本：幸福来自合理分配时间

生命是以时间为单位的，浪费别人的时间等于谋财害命；浪费自己的时间，等于慢性自杀。

——鲁迅

平衡角色之间的冲突

在实现梦想的过程中，有很多人都痛苦地意识到自己曾忽略了生活中的某些重要领域。它们发现自己曾在生活的某个领域——如失业、体育运动或社区服务——投入了大量的时间和精力，代价却是牺牲了其他重要的领域——如健康、家庭或朋友。还有一些人意识到自己的各个角色，但却陷入各个角色之间不知所措。这些角色似乎不停地竞争、冲突以争抢它们有限的时间和精力。

我们经常听到如下感叹：

我很想供养家庭、事业有成，但公司并不认为我真想晋升，除非我每天早来晚走、周末加班。

回家的时候，我已筋疲力尽。我的工作太多，根本没有时间和精力来照顾家人。但家庭需要我，要修理自行车、要讲故事、要帮助做作业、要商量重要事务，而且我也需要他们。如果没有与家人们在一起，圆满的生活又在哪里？

那还没有谈到我的其他角色；我想做一个好邻居，我想对社区有所帮助，我需要时间来锻炼、阅读，或有点时间独自思考。

我有那么多事情要做——而它们都很重要！我又怎能所有的都做？

最经常提到的是工作与家庭之间的角色冲突。最经常说出来的痛苦是各种人际关系和个人成长方面的缺失。人们常说："我无法那么快的干事，每天应付生活的每个重要方面。总有某些重要的事务无法完成。我干得越快，我越觉得失去平衡。"

显然，平衡是一门艺术，但是，我们应该如何培育自己生活中的平衡呢？是否简单的只要尽快干事以便每天应付生活的各个方面就可以了呢？是否还有其他有效的途径，以便更彻底地使我们的生活改观呢？

先花点时间，在记事本中找出你平常所扮演的角色。

你怎样看待这些角色？许多西方人从小受到的教育就把他们看作生活中不同独立的"部门"。我们在学校去不同的班级，我们上各自独立的课程、各有各的课本。我们在生物学中得了A，在历史课中得了C，我们从来没有想过这两者之间有什么关系。我们把自己的工作角色看作是独立的，与家庭角色毫无关联，与其他的角色，例如个人成长或社区服务，也同样没有什么关系，结果，我们或者集中注意这个角色，或者集中于那个角色。我们在工作中的表现与我们在家庭中的所作所为没有多大关系。我们的私人生活与我们的公众生活相互分离。

事实上，生活是一个不可分割的整体，平衡是生活和健康的要素。我们生活的平衡不在于很快干事以应付生活。它是一种动态平衡，我们所要做的就是使各个角色之间协作增效。同样是带女儿去打网球，我们可以从实现个人成长目标把它看成是一项锻炼，也可以从履行父亲角色的角度把它看成是与女儿发展深厚关系。如果要视察一个工厂，还要训练一个助手；我们尽可以把与助手一起视察工厂看作是训练助手的一个途径。

平衡角色之间的冲突

家人　　工作

朋友

如果我们把角色看作是生活上分离的部分，我们陷入的是时间匮乏的心态。只有这么多时间，时间花在这个角色上，意味着它无法花在其他角色上。其实每个角色都是重要的，一个角色的成功并不能证明我们可以接受在其他角色上的失败。事业上的成功不能证明婚姻允许失败；社区的成功也不能证明可以不尽父母的责任。在任何角色上的成功或失败都影响其他各个角色的质量和整体生活的质量。

每周写出自己的角色能让它们刻在我们的意识中，能帮我们注意自己生活的所有重要领域。但是，这并不意味着我们要每周在每一个角色中都设定一个目标，也不意味着每周我们的角色都是同样的，或我们每周都要应付所有角色。有时我们需要在短期内把注意力集中于生活的某个方面，这可能有利于我们的人生目标；这时不平衡就是平衡。

任何有关平衡的抉择，其关键因素是与自己内心良知深刻联系。因为我们所生活的周围世界只关心人们的作为而不管其为人如何，我们很容易变得失去平衡而不再关心自己的梦想与目标了。我们的行动根据只是紧迫与否，而不再依据我们的目标了。

我们生活的每个角色都有四个基本层面：身体层面（它要求或创造资源）、精神层面（它紧密联系于目标）、社会层面（它涉及与其他人的人际关系）、智力层面（它要求学习）。当我们回顾自己的角色时，我们既要看到实现目标的精神层面，也应注意到健康、家庭、朋友等方面的角色平衡，合理分配自己的时间。

超时工作是能力不强的表现，每周至少三天按时回家

据统计，美国受过高等教育的男性从业者中，有31%的人平均每周要工作50个小时以上，这一数字较1988年上升了22%。有超过40%的美国成年人在非周末期间每天睡眠不足7个小时，这一比例与2001年相比上升了31%；大约60%的美国人午餐经常匆匆而就，其中1/3的人午餐就是在他们的办公桌上解决的。为了避免浪费时间，大量美国人在上班路上用手机联系工作，在电话会议中收发E-mail，早上四点钟爬起来跟欧洲联系……

超时工作正像流行病一样在美国的办公室中蔓延，而且大有向职场固有传统和惯例挑战之势。在过去的25年中，信息革命将生产率提高了近70%，很多人便想当然地认为既然我们可以在更短的时间内生产出更多更好的产品，那么我们的工作时间也可以由此缩短一些。但高科技的发展看来并没有节省人们的时间，南

加利福尼亚大学教授沃伦·贝奈斯表示："我认识的每一个人都比以往更加努力地超时工作。"

在《台北晚九朝五》这部电影里，似乎只有一句话可以引起我们的共鸣："这个城市有24小时营业的电影院，24小时营业的百货公司，24小时营业的书局，24小时营业的咖啡店，24小时营业的KTV，24小时营业的理发厅，24小时营业的洗衣店，24小时营业的Disco Pub。"还有24小时永不休止的职场竞争、没完没了的工作指令。

其实并不是美国有这样的现象，你随便看一看身边的人，上网搜寻一下，就会发现超时工作是很普遍的现象。但是，其实并非要这样才是工作积极的表现，更多时候显示的是你工作能力的不足，记住，要学会想办法至少一周三天按时回家。

不是经常说嘛，人要做到工作、学习、生活都不误了，那你才是在真正的生活。一个方面落下了，都会给你带来不好的结果，用"木桶原理"来说，最短的那个决定了生活的质量。只有几个相平衡的时候，才会相辅相成，互相促进。

香港文汇报报道，近日出台的一份中国首次IT女性报告指出，有86.5%的IT女性每天工作超过8小时，只有16%多一点能够做到家庭与事业间的平衡。据内地都市女报消息，近日在北京举办的中国首届IT女性年会发布了一份中国IT女性报告，首次解读了IT女性风光背后的艰辛。多数女性由于超时工作,不能顾及到自身的问题,一般要晚结婚4~7年,工作超时也给家庭带来很多的危机。

有这样一个很经典的故事:一位父亲下班回到家很晚了,很累并有点烦,发现他5岁的儿子靠在门旁等他。"爸,我可以问你一个问题吗?""什么问题?""爸,你一小时可以赚多少钱?""我一小时赚20美元。""喔!"小孩低下了头,接着又问,"爸,可以借我10美元吗?""为什么,你已经有零用钱了还要?"父亲有些生气地问。"因为这之前我只有10美元,但我现在足够了。"小孩回答,"爸,我现在有20美元了,我可以向你买一个小时的时间吗?明天请早一点回家——我想和你一起吃晚餐。"

从这两个小故事都可以看得出来,超时工作给生活会带来意想不到的问题,一味想着可以加班加点地工作,有时候也造成了你正常上班时间的懒散,潜意识地觉得反正也要加班的,超时工作是很正常的事情了,于是就会拖拖拉拉,到了该完成的时候怎么也做不完。所以有时候,超时工作的罪魁祸首是自己。

此外,经常超时工作也表示没有放松歇息的时间,难有消遣娱乐的机会,令打工仔在工作期间积累的压力无从释放,继而诱发情绪病。

香港中文大学社区及家庭医学系教授余德新说，短期超时工作对人体的影响应可复元，但长期持续则会衍生很多问题。

而生活中还有一种人叫"彩虹族"，他们能在工作、生活中寻找最佳平衡点，每天生活都如彩虹般健康。他们工作、生活两不误，会有意识为自己减压，注意均衡营养，主动抵制不健康食品；坚持锻炼，确保睡眠充足，坚持定期体检。

热爱工作是一项美德，如果你能够调节自己，增强工作效率，准时完成工作而不需要长期的超时工作，学会做"彩虹族"。

不要身躯在家里，大脑还在办公室

人为什么要回家？因为家是温暖的、纯洁的，当我们在外面受到了委屈，上班有了压力，都想回家补充能量，驱逐疲惫。

家是什么，家是两个人一起吃饭，一起休憩，一起生活的地方，家是温馨的港湾。家能引来父母儿女关注的目光，家是在一起痴痴相恋经营爱情的小巢，家是遮风避雨、阻挡狂风暴雨袭击的"防火墙"。

家是什么，家是能在波涛汹涌的茫茫人海中可以停泊的地方，是在外面的世界受到了伤害能够安心疗伤的地方，是在勾心斗角世态炎凉中寻找到的温暖海洋，家是在海里漂泊累了可以停下来歇息的梦乡。

很多人赞美家，向往家，因为它真的是一个值得梦想的地方。只有保证了家的纯洁才能让家起到作用。

　　而现在的人，很多时候都有忙不完的事情，加完班回家了，还要把没有做完的事情带回家里去做，本来该好好休息享受的时间，却还在想着办公室的计划，办公室内没有处理好的业务，休息不成为休息，工作也没有工作。

　　工作就是工作，休息就是休息，这两个概念是绝不能混在一起的。如果你总是把它们混在一起，那么结果只能是工作没有效果，同时身心皆疲惫。现代社会，适应快速发展的科技步伐的同时，建议您把工作和休息分开，把回家作为分界点，千万不要身躯在家里，大脑还在办公室。

　　小陈最近心情很不好，因为她妻子回家了还在工作。

　　她好久都不回来了，最近她很忙，每天只有晚上7~8点甚至10点之后才能见到她。

　　然而，每次见到她，她都给我介绍什么基金好，他和哪个老板见面了……

　　昨天晚上我担心了她一晚上，后来回来时已经11点了，我跑过去看她，她满嘴酒气地说着晚上发生的事，说完就去聊QQ了。

　　她说是在挖掘潜在的客户。后来可能是感觉到什么，说要陪我一下，结果连10秒都不到就又去QQ了。我问了她一句经理和她说什么了。

她居然发火了，很不耐心地发火了。她越来越没有耐心了，除了对她的客户。她现在对工作兴趣正浓，应该好好鼓励她，但我希望她不要把工作带回家。毕竟我们每天见面的时间也只有晚上。不知道你看到的时候，时间过去多久了，也许一天，也许是一年，也许你都忘了我们在这里还有一个我们共同的家园，一个我们亲手建立起来的港湾。"

"如果你还想要自己的生活的话，就定一些规矩"，这是麦肯锡方法中的一条黄金建议。工作本身是生活的一部分——很重要的一部分。工作的时间经常被分成两种，一是八小时工作时间，二是没有明确的工作时间概念。现在来讲，第二种人居多，他们经常把工作带回家。如果问他们，是什么原因要把工作带回家？大概有两个重要原因：一是在单位工作总是干不完。二是习惯于不分上下班。尤其前者居多。

其实，这个问题更多反映的是两种对待工作和生活的态度。把工作带回家的人其实经常只是工作效率低下而已。

工作固然重要，可是我们可以尽量在单位完成，实在不能完成的可以等到第二天，我想我们不应该把这些再带回家，让家人也跟着我们一起牺牲休息的时间。毕竟一家人能在一起共享天伦之乐的日子不长，除了我们的工作日，还能剩下多少空闲呢？更何况，人人都有自己的工作，一天下来已经很辛苦了，为什么还要牺牲家人的时间呢？不如自己在单位埋头苦干，这样我们就可以节省下时间，在工作之外的时间也可以和家人一起做点想做的事了。

工作不是生活的全部，我们需要有自己的时间，自己的空间，自己的爱好。也需要有时间陪陪家人，和朋友坐坐。生活应该是多彩的。不过，要实现这样的工作和生活目标，需要努力地工作，高效地工作，然后才是享受生活。

享受跟亲友共处的美好时光

多久没有和你的朋友好好坐下来聊聊心事了？是不是觉得昨天才不见的同学，突然见到的时候已经为人父母了？知不知道你的父母现在在做什么，身体可好？你的孩子现在的朋友都是一些什么人？

这些问题你知道答案的有几个，我就不用再问更多的了。常常听说很多小孩子都在抱怨，爸妈每天都很忙，早上没有时间给自己做早饭，晚上回家的时候，家里也没有人，每天能得到的就是父母给的零花钱。本想周末的时候能和父母出去逛逛公园，可是爸妈总是不太耐烦，没有时间理我，即使答应了也没有实现过。

于是这些孩子觉得生活很无聊，每天出去就想交一些朋友，做一些事情来引起父母的注意，于是变得脾气暴躁，还有可能就这样和一些不好的社会青年混在一起。等到父母发现孩子问题的时候，已经堕落得很深了，而自己还不知道孩子为什么会这样，只怪孩子不听话。这样就越来越严重。

还有一些人是忙得无暇顾及父母，突然有一天听到消息说父母病危，这时候还很纳闷，觉得父母昨天不是还好好的吗，怎么会突然变成这样呢？殊不知，父母病了很久了，每次打电话的时候，总是说忙，过段时间再回去见父母，可是这个过段时间一过就是几个月或者是半年。

的确，有些人在外面叱咤风云，职场上绝对是权威，一把手。对工作兢兢业业，都是事业上的成功者，让人敬佩不已。但是说到家庭朋友方面，却不一样了，每次他都处理不好这些关系，总是扮演失败者的角色。这让人很无奈，其实一个稳定的后方是前方作战的基础，如果祸起萧墙，那么一切都不好办了，难道不是这样吗？

1990年《财星杂志》有一篇标题为"为什么评分得A的主管却是评分得F的父母"的封面故事；据观察，成功主管的子女比较可能发生情绪与健康问题。譬如密歇根大学的一项研究发现，在同一家公司，主管的子女每年有36%接受精神异常或滥用药物的治疗，非主管的子女只有15%。报告中又指出，主管长时间工作与个人特质（完美主义、没有耐心、讲求效率）是问题子女的元凶，并忠告精力充沛、对人我要求甚苛的管理者，需要学习如何不伤害子女的自尊与自信。

我们讲过，一个人必须在生活和工作的天平相平衡的时候，才能做到"彩虹族"，才不会被工作压垮。如果长期地把工作这边偏重，那么天平就会失衡了，当严重失衡的时候，天平是会坏掉的。

有些人觉得和朋友、家人在一起的时候纯粹是在浪费时间，其实不然，家是你的避风港，家人、朋友是你永远的支持者，对亲朋好友好一些绝对没有坏处，把你的时间分一些到和朋友、家人的相处之中，既得到了放松，又给亲朋带来了愉悦，这一举几得的事情为什么不去做呢？

当你在外面受到委屈的时候，只有真正的亲友才不会落井下石，给你真正的关怀；当你在工作中得到奖励的时候，只有真正的亲友才不会嫉妒中伤，会为你感到真正的高兴；当你遇到麻烦的时候，只有真正的亲友才不会假装没看见，只会为你拿主意。

陈红的一首"常回家看看"，唱得多好啊，"找点空闲找点时间/领着孩子常回家看看/带上笑容带上祝愿/陪同爱人常回家看看""妈妈准备了一些唠叨/爸爸张罗了一桌好饭/生活的烦恼跟妈妈说说/工作的事情向爸爸谈谈""常回家看看回家看看/哪怕帮妈妈刷刷筷子洗洗碗/老人不图儿女为家做多大贡献呀/一辈子不容易就图个团团圆圆？"

　　的确是这样，家人朋友不图你什么，只要能够得到你的关心，能够让大家共同感受你的甘苦，这就够了。亲朋好友是你事业的坚实后盾，是永远不会背叛的朋友，只要你需要，就会对你伸出双手，你需要自己的双手来拥抱对方。

后　记

养成习惯，为记事本作自我分析与诊断

　　要重新审视自己的记事本，首先必须认识记事本的结构，并且能够熟练使用记事本的各个功能。当我们重新检查自己的记事本时，可以尝试着修改自己的记事本功能、记录风格等内容。记事本不是记录本，所以我们把记事本作为我们行动与反省的暗示，对记事本内容的审视是最关键的一环。在逐渐的改变记事本的使用方式后，我们就能养成个人的记录风格。

　　几年前与某个大公司协商时，我有机会与生长在纽约的心理学家一起工作，并成为朋友。因为我们经常碰头，我常听他讲述他和他同事怎样做老鼠进迷宫的试验。他们把老鼠放在迷宫的一段，把食物放在另一段，观察老鼠如何在迷宫中左碰右撞，最后找到食物。下次试验，老鼠碰撞得少一点，速度也快了一点。过

了一段时间，只要几秒钟老鼠就"嗖"地穿过迷宫，把那美味食品放进嘴里。

然后他们把食物拿走。有一段时间，每次把老鼠放进迷宫，它仍然直奔另一段。但是，不久它就明白食物不在那儿，于是就停止奔跑。

他最后会说："这就是老鼠和人的区别，老鼠停止而不再尝试。"

虽然他的评论是个玩笑，但这个心理学家的观点却是正确的。我们经常陷入某种惯例或单调的工作、受吸引而形成某种不良生活模式或养成某个坏习惯。一周又一周，我们在生活中反复做同样的事情——与同样的鳄鱼战斗、和同样的弱点斗争、重复同样的错误。我们没有从自己的生活中真正学到什么。我们不会停下来，问自己："为了不会完全重复同样的错误，我能从这次错误中学习一点什么？"因此，我们应该常常对记事本作评估并由此获益，否则我们的记事本都是不完整的。

重新审视自己的记事本，使我们从生活中学到了经验，为下一阶段而复习使命和角色、确立目标、建立下一阶段的框架做更好的准备。我们安排日程、行动、评估……安排日程、行动、评估……再次安排日程、行动、评估；通过这样的循环，我们增加了自我认识、教育了自己的良知、培养了心灵的良好习惯。

定期回顾人生目标，积极进行自我对话

　　我认为一定要定期检查计划表。早上起床后的第一件事就是查看计划表。如果你确定要做的事都列在计划表上，而且每天固定检查计划表，你就绝不会因为"忘记"而没有完成任务。福布斯二世一直在他的书桌上放着一张记录重要事项的纸，这是他个人管理系统的中心："每当我觉得进退两难时，我就会看看这张纸，确定使我动弹不得的事是否真的值得让我为难。"通常福布斯的纸上大约有20件事，包括电话、信件，以及他必须口述的一小段专栏文章。他告诉我："如果你没有一个固定的记事本记录你想做的事，事情永远都无法完成。"

　　这也是在管理其他事情时，非常有用的技巧。每当你分配工作给部属时，你应该确定他们会将你所交代的事情记在计划表上。在之后的会议中，也要请他们带计划表来开会，并以此作为进度报

告的根据。如此一来，你就可以确信你指派的工作不会被遗漏。

在工商企业或社会中，没有多少特质比"可靠"更重要了（我必须承认，少数人已经成功地误导别人，使他们相信自己是无心而且没有组织的人，所以可以"随便"忘记他们不想做的事）。经理人喜欢指派工作，以便他们能专心去做其他的事情；策划会议或社交活动的人，都希望那些与会者不会将出席时间忘得一干二净。

你可以把审视记事本的心得写在记事本中，也可以写在一张作废的纸张上。你可能发现在随身记事本中保存一张问题的清单是有用的，每次审视记事本前先把这些问题过一遍。你可能认为列出的问题不应多于五六个。你尽可以从下述问题中选择几个：

我实现了哪些目标？

什么因素让我得以实现目标？

我遇到了什么挑战？

我是怎样战胜这些挑战的？

实现这些目标是否是我的时间的最佳利用？

对这些目标的注意，是否使我错过了本来可以更好利用时间的意外机遇？

哪些目标我还没有达成？

什么因素阻碍了我达成目标？

我的抉择是否让我比原来的计划更有效地利用了自己的时间？

哪些未实现的目标应该列入下阶段的日程安排？

我是否抽出了时间用于自我更新、反省和再承诺？

我用什么方法实现了各个角色和目标之间的平衡？

本阶段运用时间管理方法的效果如何？

总体上讲，我能从中学到什么经验？

如果你想做长时间的审视，比如一个季度或者一年，可以问自己这类问题：

我能从确立并实现目标的过程中，看到什么成功或失败的模式吗？

我是否设定了现实的、但有挑战性的目标？

总在干扰我实现目标的都有些什么因素？

能对哪些模式或者程序加以改进？

我是否引起了一些不切实际的期望？我能怎样加以改变？

当把这些问题过一遍的时候，重要的是你要认清自己的人生目标，打开自己的心灵，积极进行自我对话，认真反省，并及时做出修正。"安排日程、行动、评估"这个过程的反复进行，能帮助我们更清楚地看到我们的目标，以及我们的行动和抉择所带来的后果。它让我们从记事本中学习到更多的东西，进而通过学习改善生活。

自我分析一天的时间使用

时间管理的重点在于使用原本浪费的时间，因此，掌握自己一天时间如何运用，就显得很重要。

设法分辨"有明确目的的使用时间"与"没有目的的浪费时间"这两种工作态度，同时分析自己"那时处在什么状况下""几点到几点容易这样"。将每天的时间从起床一直记录到睡前，如此自我分析了一星期，往往就能找到时间都浪费在了哪里。只要将这些浪费的时间，化为"有明确目的的使用时间"，就能踏出时间管理的第一步。

自我分析后，将工作与私人时间，脑力活动与体力活动时间，用不同颜色区分。如果发现工作时间与脑力活动时间居多，那就要想办法增加个人兴趣或是运动的时间。

另外，还要注意工作的类型，有多少是受人所托，又有多少是自己原创的部分，这样详细的记录往往能找出时间管理的盲点。例如，在车上打瞌睡其实很不值得，收发Email其实占据许多时间，自我充实的时间太少，还有上网漫无目的漫游的时间过多，以及吃午饭花太多的时间等等。

因此，没有时间不是借口，时间管理的重点，首先要分析自己所花时间的比例，才能善用时间，从事对于人生有正面助益的事情。

自我分析一天的时间使用

活动项目	消耗时间
处理公司事务	3小时
谈判签约	4小时
开会	2小时
交际应酬	5小时
锻炼	1小时
家庭聚会	1.5小时
看书学习	0.5小时
休息	7小时